次代を創る「資質・能力」を育む学校づくり **2**

「深く学ぶ」子供を育てる学級づくり・授業づくり

吉冨芳正 編集

ぎょうせい

シリーズ刊行にあたって

　平成29年3月、新しい学習指導要領が告示され、小学校は平成32年度から、中学校は平成33年度から全面実施される。新学習指導要領では、よりよい学校教育を通じてよりよい社会を創るという目標を共有し、社会と連携・協働しながら、子供たちが未来の創り手となるために必要な資質・能力を育む、「社会に開かれた教育課程」の理念が掲げられ、教育課程を基軸に据えて学校教育全体の改善が意図されている。

　各学校では、それぞれの実態を踏まえ、育成すべき資質・能力を明確にして教育課程を適切に編成し、子供たちの主体的・対話的で深い学びを保障するとともに、カリキュラム・マネジメントを確立し、教育の質の向上を図っていくことが必要となる。教育委員会は、そうした各学校の取組みに対して的確な指導・支援を行っていくことが求められる。

　本シリーズは、こうした状況を踏まえ、「次代を創る資質・能力を育む学校づくり」をテーマとし、それに不可欠な「『社会に開かれた教育課程』と新しい学校づくり」「『深く学ぶ』子供を育てる学級づくり・授業づくり」「新教育課程とこれからの研究・研修」の三つの切り口から、取組みを進めるうえでの諸課題を分析し、効果的に工夫改善を進めるための視点や方策について分かりやすく解説することを目的とするものである。

　識見と専門性に富み気鋭の執筆陣による本シリーズは、学校づくりの中核として活躍される校長をはじめ主幹、主任層や教育委員会の指導主事などのみなさまの手掛かりとなり、未来を創る子供たちの資質・能力の育成に役立つものと確信している。

平成29年7月

明星大学教授
吉冨　芳正

巻頭提言
これからの学校づくりへの期待

　平成28年12月21日の中央教育審議会の答申をふまえ、平成29年3月31日に、文部科学大臣が新しい幼稚園教育要領と小学校、中学校の学習指導要領を告示した。

　現在のような大臣告示の形式となった学習指導要領は、昭和33年に始まり、以来ほぼ10年ごとに改訂が行われてきた。いずれも教育課程実施の経験、子供たちを取り巻く時代や社会の変化をふまえ、子供たちに身に付けさせたい資質・能力は何かを考えながら行われてきたものである。それは、各学校をはじめ教育関係者に学校教育の改善充実のための自己改革（刷新）運動をうながしているものとしてもとらえることができる。

　今回の改訂においても、子供たちに変化の激しいこれからの時代、社会を生きるために必要となる力を育成することを目指し、各学校が社会との関わりを重視し、「社会に開かれた教育課程」を編成・実施することを期待している。

　各学校では、こうした新学習指導要領の趣旨や関連する行政施策の動向を理解しつつ、これからの学校づくりに取り組んでいく必要がある。その際、次のような諸点に留意することが大切であると考える。

1. 学校教育の基本と教育課程についての理解を共有する

　今回の学習指導要領では、初めて「前文」が置かれている。ここでは、教育は、教育基本法に定める教育の目的と目標の達成を目指して行われなければならず、このために必要な教育の在り方を具体化するのが、各学校において組織的かつ計画的に組み立てた教育課程であることを明記している。

　その上で、「第1章　総則」を全面的に再構成している。新しい総則では、教育課程の編成、実施や留意事項に加え、児童生徒の発達の支援や学校運営上の留意事項、道徳教育に関する配慮事項などが詳述されて

いる。特に、主体的・対話的で深い学び（アクティブ・ラーニング）の実現に向けた授業改善を行うことや言語能力、情報活用能力、問題発見・解決等の資質・能力が育成されるよう、担当教科、学年のみならず、教科横断的な視点や学校段階間の接続に配慮しながら教育課程を編成することの重要性などが示されている。

　各学校においては、教育内容に加え、教育方法、学習評価等を含む教育課程に基づき組織的、計画的に教育活動の質の向上を図るカリキュラム・マネジメントについての理解を全校で共有することが求められる。

2.　深く学ぶ子供を育てる学級づくり、授業づくり

　学校の教育目標は日々の授業の積み重ねの上に実現される。日々の授業は、学級経営の充実に支えられよりよく成立する。

　学習や生活の基盤として、教師と児童生徒との信頼関係及び児童生徒間のよりよい人間関係を育てる学級経営の充実に意を用いることが必要である。こうした基礎の上に立って授業改善は進められる。特に、児童生徒理解を深め学習指導と合わせて生徒指導、キャリア教育、道徳教育の充実を図ることが必要である。

3.　豊かな教育実践のための研究・研修の充実

　各学校における教育活動の更なる充実を図るためには教育実践研究、研修が不可欠である。

　特に校内研修や授業研究は日本の学校の良き伝統として海外からも高い評価を受けている。

　各学校は、その特色を生かし、創意工夫を重ねた授業研究や校内研修の機会を確保し、全ての教職員が各学校の教育目標の実現に切磋琢磨するよう努める必要がある。

平成29年7月

東京国立博物館長
銭谷　眞美

「深く学ぶ」子供を育てる学級づくり・授業づくり

目　次

シリーズ刊行にあたって（吉冨芳正）
巻頭提言　これからの学校づくりへの期待（銭谷眞美）

第1章　新学習指導要領が求める子供像
....[奥村高明]

1　学習指導要領と子供観の変遷（昭和22年〜平成20年）　2
2　2030年を見据えた子供像と教育課程　9
3　「主体的・対話的で深い学び」の実現と授業づくり　13

第2章　中央教育審議会答申と授業づくりの課題
....[髙木展郎]

1　中教審「答申」が求める学力としての「資質・能力」　20
2　カリキュラム・マネジメントに位置付けられた授業づくりの構造　25
3　「主体的・対話的で深い学び」のとらえ方と資質・能力の育成　30
4　これからの授業づくりの課題と方向性　33

第3章　「深い学び」を実現する授業づくりの技法
....[田中博之]

1　「主体的・対話的で深い学び」とは何か　36

2 「浅い学び」にならないための注意点　39
3 アクティブ・ラーニングによる「不断の授業改善」　44

第4章　「社会に開かれた教育課程」を実現する単元構想
[藤本勇二]

1 正解が分からない社会の到来　52
2 未来の創り手となるための資質・能力を育む教育課程　54
3 単元レベルで構想する「社会に開かれた教育課程」
　：協同の視点　57
4 単元レベルで構想する「社会に開かれた教育課程」
　：学校をつくる視点　60
5 単元レベルで構想する「社会に開かれた教育課程」
　：ESDの視点　62
6 社会に開く主体としての意味　65

第5章　授業改善につなぐ学習評価の在り方
[佐藤　真]

1 新学習指導要領における学習評価の観点とその背景　68
2 「主体的・対話的で深い学び」を通じた資質・能力を見取る
　評価方法　72
3 カリキュラム・マネジメントの視点からのこれからの評価活動の
　活かし方　81

第6章　次代を創る資質・能力の育成と道徳教育・道徳科
　　　　　　　　　　　　　　　　　　　　　　　　　　　　　　　[貝塚茂樹]

　　1　道徳科設置の意義と道徳教育の「質的転換」　86
　　2　道徳教育・道徳科における資質・能力の育成　91
　　3　カリキュラム・マネジメントと道徳教育・道徳科　93
　　4　「考え、議論する道徳」の授業づくり　95

第7章　次代を創る資質・能力の育成と特別活動
　　　　　　　　　　　　　　　　　　　　　　　　　　　　　　　[杉田　洋]

　　1　新教育課程で特別活動が育む資質・能力　102
　　2　これからの学校づくりや教育課程全体で目指す資質・能力の育成において特別活動が果たす役割　106
　　3　他教科の関連単元などを踏まえた特別活動の取り組み方　110
　　4　特別活動で資質・能力を育む指導・支援の実際　112

第8章　学校図書館の機能を生かした学習活動や読書活動の充実
　　　　　　　　　　　　　　　　　　　　　　　　　　　　　　　[佐藤正志]

　　1　学校図書館の役割と機能　118
　　2　「主体的・対話的で深い学び」の実現と学校図書館　120
　　3　読書活動の充実と学校図書館　123
　　4　教育活動を支える学校図書館と司書教諭、学校司書　127
　　5　学校図書館の充実と学校図書館長としての校長の役割　130

第9章　新教育課程の基盤をつくる学級経営
　　　　　　　　　　　　　　　　　　　　　　　　　　　　　[宮川八岐]

　1　求められる「学級経営力」　138
　2　学級経営充実の実践構想　142

第10章　新教育課程と一体的に取り組む生徒指導・教育相談
　　　　　　　　　　　　　　　　　　　　　　　　　　　　　[嶋﨑政男]

　1　新学習指導要領における生徒指導・教育相談の位置付け　156
　2　全教育活動を通した生徒指導の実践　159
　3　新教育課程と教育相談　162
　4　「チーム学校」の推進　166

第11章　メッセージ：これからの授業づくりに向けて

　子供は未来からの留学生　[髙階玲治]　172
　子供の「はてな？」を生み出す授業　[向山行雄]　179

資　料

○幼稚園、小学校、中学校、高等学校及び特別支援学校の学習指導要領等の改善及び必要な方策等について（答申）
（平成28年12月21日　中央教育審議会）〔抜粋〕／187

第1章
新学習指導要領が求める子供像

聖徳大学教授
奥村高明

今回の新学習指導要領の根底には、「学習の主体者」として、友人や教師、保護者などの様々な人々、教材や教育方法など多様な学習の材料、取り巻く文化や社会などのあらゆる教育的な資源と不可分に成立する子供がいる。その子は、学習活動の中で、知識や技能を駆使し、思考力・判断力・表現力等を発揮する。そこで発揮される資質・能力は学習活動にとどまらず、社会や文化に積極的に関わっていく実践につながっていく。その結果、子供は多様な人々とともに生きながら社会そのものを創り出していく存在となる。言い換えれば「創造的な子供」である。このことについて本章では、これまでの学習指導要領等の変遷や、平成29年の中央教育審議会の答申などから検討する。

学習指導要領と子供観の変遷（昭和22年～平成20年）

　学習指導要領が描く子供像は、常に時代と社会の状況を反映する。現在、学校教育関係者を含め多くの人々に共有されている「学習の主体者」としての子供像は、どのような経緯を経て形成されたのか。昭和22年から平成20年までの変遷を、当時の諮問、審議会答申、学習指導要領などから概観する。

(1) 昭和22年学習指導要領（試案）

　昭和22年、日本国憲法が施行され、教育基本法や学校教育法が制定される。戦前の教育を振り返り極端な国家主義を排除するとともに、6・3制や学校制度、教育の機会均等など戦後教育の基本的な枠組みが形成される。教科課程の基準としての「学習指導要領（試案）」が発表され、

画一的だった教育の生気を取り戻すために、地域や学校の実態に応じて様々な工夫が行われる。その背景にある子供像は「学習の主体者」である。

> このような目標に向かって行く場合、その出発点となるのは、児童の現実の生活であり、またのびて行くのは児童みずからでなくてはならないということである[1]。

子供は自ら伸びようとする存在であり、目の前の子供から教育を始める必要がある。そのような教育観が昭和22年の学習指導要領（試案）に据えられている。

(2) 昭和26年学習指導要領（試案）改訂版

昭和22年の学習指導要領は短期間に作成され、教科間の関連が図られていないなどの問題があった。そこで使用状況調査、実験学校による研究などを経て、昭和26年に道徳教育の導入、配当授業時数の比率の提示、自由研究の解消などを含む「学習指導要領一般編（試案）改訂版」が示される。子供像については、以下の記述からうかがうことができる[2]。

> 児童・生徒は、自己の当面する環境を切り開くために、また問題を解決するために、いろいろな活動を行うようになる。すなわち、既往の知識・経験を生かし、さらに、他の知識を求めたりすることによって、環境に働きかけることになる。このような環境との相互の働きかけあいによって、他の知識は自分のものとなり、新たな経験が、自己の主体の中に再構成され、児童・生徒は成長発達していくということができる。

子供は、自己の問題を解決するために、知識を活用しながら、環境に働きかける。その環境との相互性によって、新たな経験が再構成され、自己成長する。子供は、自ら学ぶ主体的な存在であると同時に環境との相互行為によって成立する。主体的で、かつ関係的な子供像は、現代においても通じるだろう。

(3)　昭和33年学習指導要領

　戦後復興を果たした日本において、国民生活の向上や国際社会での地位向上は、国民的な目標であった。教育においては、生活単元学習や経験主義に対する批判が起こり、各教科のもつ系統性の重視など義務教育の水準の維持向上が求められた。

　昭和33年の教育課程審議会は答申の基本方針として「文化・科学・産業などの急速な進展に即応して国民生活の向上を図り、かつ、独立国家として国際社会に新しい地歩を確保するためには、国民の教育水準を一段と高めなければならない[3]」と述べる。具体的な改訂の方針は「道徳の時間の開設」「国語科及び算数科の内容の充実と指導時数の増加」「最低基準の明確化と年間における指導時間数の明示」などである。

　昭和33年の学習指導要領の中に、以下のような子供像に関する記述を見つけることができる。「児童の興味や関心を重んじ、自主的、自発的な学習をするように導くこと」「児童の個人差に留意して指導し、それぞれの児童の個性や能力をできるだけ伸ばすようにする」などである[4]。学びの主体は児童生徒であり、それぞれの個性を伸ばそうとする姿勢に変わりないことがわかる。

(4) 昭和43年学習指導要領

　日本は高度経済成長期に入り、国民生活や所得は大幅に向上する。同時に地域による学力差も目立つようになる。旧ソビエト連邦が打ち上げた人工衛星によるスプートニク・ショックが起こり、「教育内容の現代化」がいわれ、国民の基礎教育という観点から基礎学力の充実が急務となる。

　昭和40年の教育課程審議会への諮問では、「人間形成のうえで調和のとれた教育課程の編成」「教育内容の質的向上」「創造性に富み建設的意欲に満ちた国民の育成」などが述べられている[5]。

　これを受けた昭和43年の学習指導要領では「基本的な知識や技能の習得」「健康や体力の増進」「正しい判断力や創造性」「豊かな情操や強い意志の素地を養う」「時代の進展に応ずる」などが方針となる。具体的には算数に集合を導入するなど教育内容の充実が図られ、授業時数も量的なピークを迎える。子供像については、昭和33年と比べ大きな違いは見られない。

(5) 昭和52年学習指導要領

　昭和48年に高等学校進学率は90％を超え、社会は高学歴化が進行する。受験戦争や校内暴力が報道で取り上げられ、学習内容の未消化が問題視される。児童生徒の学習負担の適正化や「教育内容をしっかり身につけさせるとともに、ゆとりのあるしかも充実したものとすること[6]」などが教育の課題となっていく。

　昭和51年の教育課程審議会答申には、「人間性豊かな児童生徒を育てること」「自ら考える力を養い創造的な知性と技能を育てること」などの文言が登場する[7]。子供像として、子供は自ら能力を発揮する存在で

あることが強調されている。

　昭和52年の学習指導要領では、各教科等の指導内容の精選、集約化、内容の整理統合などが行われるが、最も注目されたのはゆとりある充実した学校生活実現のための標準授業時数の削減であった。例えば小学校の5・6年生の総授業数は1,085時間から1,015時間、中学校の1・2年生は1,190時間から1,050時間に減少する。

(6)　平成元年学習指導要領

　昭和52年以降も社会の変化は進み、科学技術や経済の進歩だけでなく、情報化、国際化、高齢化、価値観の多様化など今では当たり前となった現象が広がり始める。昭和59年から62年にかけて内閣に設置された臨時教育審議会は、「個性重視の原則」「生涯学習体系への移行」「変化への対応」を提言し[8]、教育課程審議会は、「豊かな心をもち、たくましく生きる人間の育成」「自ら学ぶ意欲と社会の変化に主体的に対応できる能力の育成」などを提言する[9]。子供像は、自ら社会の変化に対応できる資質や能力をもつ姿として描かれ始める。

　平成元年の学習指導要領の改訂では、自ら学ぶ意欲と社会の変化に主体的に対応できる能力の育成が重視され、基礎的・基本的な内容の指導の徹底、個性を生かす教育の充実などが目指される。具体的には、生活科の新設や道徳教育の充実、各教科における思考力、判断力、表現力などの育成、自ら学ぶ意欲や主体的な学習の仕方などが示される。この改訂を引き継いだ平成3年の指導要録の改善に関する資料に当時の子供像がうかがえる[10]。

> 　これからの教育においては、児童生徒一人一人は様々な可能性を内に秘め、よりよく生きたいという願いをもち、その可能性を発揮

> して豊かな自己実現を目指しているという観点に立って、児童生徒の特性をとらえることが大切である。

　子供は知識や技能を詰め込む箱ではなく、自らの資質や能力で生涯にわたって学び続ける力をもった存在であることが確認できる。

(7) 平成10年学習指導要領

　すでにベルリンの壁は崩壊し、バブル崩壊によって景気が後退する。日本は政治、経済の面から変革期を迎える。教育においては、いじめの深刻化、高齢化、少子化、環境破壊などが次々と問題になっていた。

　平成8年の中央教育審議会答申では、ゆとりの中で「生きる力」を育むことを重視する提言が行われる。「生きる力」とは、「いかに社会が変化しようと、自分で課題を見つけ、自ら学び、自ら考え、主体的に判断し、行動し、よりよく問題を解決する資質や能力」「自らを律しつつ、他人とともに協調し、他人を思いやる心や感動する心などの豊かな人間性」「たくましく生きるための健康や体力」である[11]。この概念と、自ら学び主体的に問題解決や探究活動に取り組む子供像は、その後の教育課程の改善における重要な理念となっていく。

　平成10年の学習指導要領の改訂は、完全週5日制の円滑な実施、年間総授業時数の削減、各教科の教育内容の厳選、総合的な学習の時間の導入、選択教科の時間増などが行われる。総則には「自ら学び自ら考える力の育成」「基礎的・基本的な内容の確実な定着」「個性を生かす教育の充実」などが示される。

(8) 平成20年学習指導要領

　しかし、平成10年の改訂は、すぐに学力低下の批判を受けることになる[12]。特に、平成15年国際学習到達度調査（PISA）の順位が下降すると、学力論争はいっそう盛んになる。多くの識者は教え込みの大切さを指摘し、百ます計算ブームが起きる。平成15年には、学習指導要領に示していない発展的な内容を指導できるとする一部改正が行われるが、教育をめぐる状況は混沌としていた。

　平成20年改訂は、その解決と「ゆとり」か「詰め込み」かの二項対立を乗り越えることを目指した。学校教育法第30条の第2項に示された学力の三要素「知識及び技能」「思考力・判断力・表現力等」「主体的に学習に取り組む態度」から構成された「確かな学力」観を重視し、知・徳・体のバランスのとれた「生きる力」の育成に変化はないことが明言される。各教科等の目標や内容は、資質や能力の観点から見直される。習得・活用・探究という学びの中で思考力・判断力・表現力等を高める言語活動が重視され、総授業時数も増加に転じることになる。結果的に学力論争は終結する。

　子供像は、「生きる力」に示された子供観を引き継ぐものであったが、「自己との対話を重ねつつ、他者や社会、自然や環境と共に生きる、積極的な『開かれた個』」[13]という関係的な概念が示される。

　昭和22年から平成20年までの変遷を概観したとき、子供観自体に大きな変更はなかったことがわかる。昭和20年代の学習指導要領が想定した子供像は、自らの問題を解決するために、知識を活用し、自ら学び、他者と協働しながら、環境に働きかけ、自らの経験を再構築しながら成長する姿であり、現代と比べても全く色あせていない。その後、主体的な子供像を引き継ぎつつ平成に入ると、子供像は、学習の主体者として、

第1章
新学習指導要領が求める子供像

自らのよさや可能性を生かしながら、他者や社会と関わり、生涯にわたって主体的に学び続ける姿として描かれる。今回の平成29年の新学習指導要領も基本的には同じであり、これまでの子供像に未来や社会の創り手としての視点が加えられたより発展した姿となっている。学習指導要領に新たに加えられた前文にはこう述べられている。

> （前略）一人一人の児童が、自分のよさや可能性を認識するとともに、あらゆる他者を価値ある存在として尊重し、多様な人々と協働しながら社会的変化を乗り越え、豊かな人生を切り拓き、持続可能な社会の創り手となることができるようになることが求められる。

「不易と流行」という言葉からすれば、日本の学習指導要領が一貫して示し続けてきたこの子供像こそが戦後教育における最大の「不易」だといえるのではないだろうか。

② 2030年を見据えた子供像と教育課程

　学習指導要領の改訂は、その時点での成果と課題を検証しながら、改訂後に展開される教育や学校の在り方を見据えて行う作業である。直近の目安となるのは新学習指導要領が用いられる東京オリンピック・パラリンピック開催の2020年から2030年頃までの10年間と、その後の未来である。この観点から子供像と教育課程について検討してみよう。

(1) 予測困難な未来

　昭和43年（1968年）の質量ともにピークを迎えた学習指導要領で学ん

だ小学4年生は、今、概ね50代、働き盛りである。一方、平成10年（1998年）の学習指導要領で育った小学4年生は、概ね20代、社会で活躍し始めている。この見方からすれば、平成30年（2018年）から先行実施される新学習指導要領で育つ小学4年生が社会人となるのは概ね2028年頃であり、働き盛りの50代になるのは、それからさらに30年後となる。いったいどのような世の中になっているのだろうか。

　それを十全に予測することは不可能であろう。少なくとも筆者は10年前に今ほどスマートフォンが普及すると思っていなかった。自動車の自動運転は漫画の話だと思っていたし、すでに一部実現化されていることに驚いている。グローバル化の進展に伴って多様な人々がインターネットなどで交流し、コミュニティはすっかり変容した。第4次産業革命は加速度的に進展し、進化した人工知能によって多くの仕事は自動化され、今は存在していない職業ばかりになるのだろう。

(2)　知識基盤社会に対応する子供像

　平成20年の答申が想定した未来は知識基盤社会であった。新しい情報、知識、技術などがあらゆる領域で活用され、同時にその領域と情報、知識、技術そのものがあっという間につくりかえられる。平成20年と今を比べるだけでも、その変化は実感できる。

　このような世界に立ち向かうために必要な力は、変化に受け身で対処するというよりも、変化そのものを創り出したり、社会や人生をよりよく創り変えたりする力である。あるいは、前向きに変化を受け止めながら、人間らしい感性で豊かさや文化を生み出していくような資質や能力だろう。

　その資質や能力は本来的に子供たちや社会に備わっている。人間の解剖学的特徴は3万年前から変化していないといわれるが、ジェームズ・R・フリンは世界中のデータを統計的に分析して10年で3ポイントずつ

知能指数が上昇していることを証明している[14]。概念として世界をとらえ、的確に思考する能力は、世界の複雑化とともに向上しているのである。また、スティーブン・ピンカーは膨大なデータの分析をもとに、人類の知恵や国際社会の秩序構築によって、概ね世界は安全な方向に進んでおり、争いや戦争などが統計的には減少していることを証明している[15]。未来は決して暗くはない。

　子供たちは、この文脈の上にいる。自己の能力を引き出しながら、自分なりに試行錯誤したり、他者と協働したりしながら直面する問題を解決していく資質や能力をもっている。おそらく、どのような未来であっても、子供は、今までも、そしてこれからも、様々な変化を柔軟に受け止めながら、主体的に学び続け、問題を発見したり、新たな意味や価値を生み出したりしていく存在であり続けるだろう。そして、予測のできない知識基盤社会に見事に対応していくだろうと思う。

(3)　「社会に開かれた教育課程」の実現

　学習指導要領等の改訂においては、常に時代や社会の変化に応じて教育課題が設定され、その解決策が見いだされてきた。戦後は教育の基本的な枠組みが形成され制度的な整備が進んだ。工業化という社会的な目標が目指されたときには、基礎的・基本的な知識や技能を重視した。高度成長期が終焉を迎え、急激に変化する社会が到来すると、それに対応すべく「新しい学力観」を打ち出し、「生きる力」へと発展させた。今回提示されたのは「社会に開かれた教育課程」である。

　今以上に予測困難な変化の激しい社会において、学校の中だけで学習を成立させたとしても、子供たちの資質・能力を十全に発揮させるのは難しいだろう。これからの学校が目指す姿は、学校自体が社会や世界と様々な接点をもちながら、多様な人々とともに学び合えるような「開か

れた環境」である。それが、よりよい未来の創造を担う子供たちの育成につながる。

　それは、単に地域や社会の人々を学校に招き入れるだけでは実現しない。まず、よりよい社会を創り出す基盤は学校教育だという意識を学校と社会が共有する必要がある。そのポイントは育成すべき資質・能力であり、主体的に学ぶ子供の姿である。それらが共有されたときに、地域の人的・物的資源の活用や、社会教育との連携などが有効に働き始めるだろう。その結節点が「社会に開かれた教育課程」である。

(4)　三つの柱で明確化された教育課程

　ただ、学校は長い間、教科中心に成立してきた。目標は教科ごとに異なっており、取り扱う内容を習得すれば学力がついたとされた。教科が異なればお互いに指導にも立ち入らない。教育課程として配列しても実際のところは細分化されたままであった。

　それに対して、今回、教育課程において育成すべき資質・能力が三つの柱として提示された。
①　生きて働く「知識・技能」の習得
②　未知の状況にも対応できる「思考力・判断力・表現力等」の育成
③　学びを人生や社会に生かそうとする「学びに向かう力・人間性等」の涵養

　これに基づいて学習指導要領の各教科等の目標は整理され、内容の再構成や指導上の留意点の見直しも行われた。各教科の目標が共通化することによって、教科等横断的な教育実践はずいぶん容易になるだろう。何より教科を配列しただけに終わっていた教育課程が、子供の資質・能力を育成するための教育課程として明確になった。

　各学校はそれぞれの学校の教育目標を実現するために、子供たちが

「何ができるようになるか」「何を学ぶか」「どのように学ぶか」などを考えながら教育課程を編成、実施する。そして、結果として得られた目の前の子供たちの姿をもとに、評価、改善する。そのサイクルのすべてに三つの柱は関わってくる。目標の検討や指導計画の作成、学習評価などは円滑に進むだろう。

　さらに、教科等横断的に教育内容を配列し、PDCAを回し、全職員だけでなく外部の人的・物的資源も活用しながら教育活動の質の向上を図るという営みを、今回「カリキュラム・マネジメント」という言葉で概念化している。教育課程と資質・能力の関係の明確化、さらにカリキュラム・マネジメントという概念によって、教育課程は、未来の創り手となる子供たちの育成に大きな役割を果たすことが期待できる。

❸ 「主体的・対話的で深い学び」の実現と授業づくり

　今回改訂の大きな特徴は子供たちが「どのように学ぶか」という学びの質を重視した改善である。そこで提案されているのは「主体的・対話的で深い学び」であるが、その具体について検討するのは他の章に任せたい。本稿では「授業研究」と子供へのまなざしについて検討する。

(1) 「授業研究」と授業づくり

　「主体的・対話的で深い学び」の実現において重要なのは、日々の授業づくりである。今回の答申では、授業づくりに関して特に強調して言及された部分がある。それは日本の「授業研究」についてである。

> 我が国では、教員がお互いの授業を検討しながら学び合い、改善

> していく「授業研究」が日常的に行われ、国際的にも高い評価を受けており、子供が興味や関心を抱くような身近な題材を取り上げて、学習への主体性を引き出したり、相互に対話しながら多様な考え方に気付かせたりするための工夫や改善が続けられてきている。こうした「授業研究」の成果は、日本の学校教育の質を支える貴重な財産である。

　明治期から、日本の教師は授業方法、教材、指導案などを自分たちの手で改善していた。昭和初期、長野県師範学校の淀川茂重は「授業研究」の必要性に関して以下のように述べている。

> 　　教育は行きづまっている（中略）それはどこに打開されてしかるべきであるか。児童の教育は、児童にたちかえり児童によって児童のうちに建設されなくてはならない。[16]

　「授業研究」の根本には、教育の改善を目の前の子供から始めようとする姿勢が流れている。
　戦後は民間研究団体の活動が盛んになり、各教科等は競うように県大会や全国大会を開いた。その中心は公開授業であり、多くの場合授業参観後に研究協議が行われる。それが当たり前になっている。
　国立教育政策研究所の千々布は指摘する。

> 　（日本では）各学校で授業研究を実施するのは当然という文化が形成されており、教師の研修は、教育センターにおける研修受講と授業研究を核とした校内研修により実施されることが、なんの疑いもなくほとんどの教師に当然のことと受け入れられている。[17]

我が国には、子供の具体的な事実をもとに相互に意見を交換しながら、授業づくりを行う文化がある。自分の学校で、県大会で、時には他県で行われる全国大会にまで出かけていく。そこで得た「何か」を自分の授業に結び付けている。それが日本のごく普通の教師の姿である。

　今後、深い学びや協働的な学びを成立させるために、全国で「授業研究」が展開されるだろう。その根底には有能で創造的な子供の姿がある。「授業研究」を通して子供の中に成立する学びを見つめ、授業を改善する。それが未来の授業づくりに向けた最も有効な方法だと思う。

(2) 「創造的な子供」と授業づくり

　授業の事実として語れば、新学習指導要領が求める子供像はごくありふれた姿となる。

　例えば、授業中に子供が、しばらく動きを止めたとしよう。視線は、どことなく定まらぬ様子である。そして次の瞬間、「あ、いいこと考えた！」と発言する。誰かに向かって発せられたわけではない。かといって独り言でもない。それは、子供が創造性を発揮した瞬間である。

　具体的に見てみよう。まず、この言葉は、動きがしばらく止まった後に発生している。「止まっている」という動作は、その子自身が考えたり、迷ったりしている様子を示している。

　次に、「あ」という言葉は、直前まで存在していなかった考えや方法が「今、その子に」発生したことを表している。その軽い驚きと喜びが「あ」という発言である。

　さらに、「いいこと」は、その子においての「良い事」であり、子供自身にとって新しい価値があることを意味している。それを他ならぬ「（私が）考えた」のである。

　つまり「あ、いいこと考えた」は、子供自身が主体的に考えるプロセ

スにおいて、解法やアイデアを自らつくりだした実感である。知識や技能が結び付き、新たな理解が生じたことを喜び、それを自他に宣言している言葉である。

　指導の側から見れば、この言葉が生まれたときに主体的で創造的な学びのプロセスが成立しているといえる。「主体的・対話的で深い学び」という言葉を概念的にとらえるのではなく、それが現実になった瞬間から検討する。それが「創造的な子供」という事実に沿った授業づくりである。

【注】
1)　文部省「第二章　児童の生活」『学習指導要領一般編（試案）』1947年
2)　文部省「Ⅲ　学校における教育課程の構成」『学習指導要領一般編（試案）改訂版』1951年
3)　教育課程審議会答申「小学校・中学校教育課程の改善について」1958年
4)　文部省「第2　指導計画作成及び指導の一般方針」『学習指導要領総則』1958年
5)　諮問「小学校・中学校の教育課程の改善について」における初等中等教育局長の諮問事項説明、1965年、『学習指導要領の改善に係る答申一覧』2009年
6)　諮問「小学校、中学校及び高等学校の教育課程の基準の改善について」における文部科学大臣挨拶、1973年、前掲書
7)　教育課程審議会答申「小学校、中学校及び高等学校の教育課程の基準の改善について」1976年
8)　臨時教育審議会「教育改革に関する第4次答申（最終答申）」1987年
9)　教育課程審議会「幼稚園、小学校、中学校及び高等学校の教育課程の基準の改善について（答申）」1987年
10)　小学校及び中学校の指導要録の改善に関する調査研究協力者会議「小学校及び中学校の指導要録の改善について（審議のまとめ）」1991年
11)　教育課程審議会答申「幼稚園、小学校、中学校、高等学校、盲学校、聾学校及び養護学校の教育課程の基準の改善について」1998年
12)　代表的なのは「小学校算数では円周率を3として教えている」という言説である。算数科の学習指導要領で円周率はずっと3.14のままである。3を用いるのは概数概算においてだけであり、限定的な指示であった。しかし、その指示のみ

を取り上げて人々は「円周率が3」だと思い込み、学力が下がると喧伝された。
13) 中央教育審議会「幼稚園、小学校、中学校、高等学校及び特別支援学校の学習指導要領等の改善について（答申）」2008年
14) ジェームズ・R・フリン著　水田賢政・斎藤環訳『なぜ人類のIQは上がり続けているのか？――人種、性別、老化と知能指数』太田出版、2015年、ジェームズ・R・フリン著　無藤隆・白川佳子・森敏昭訳『知能と人間の進歩　遺伝子に秘められた人類の可能性』新曜社、2016年
15) スティーブン・ピンカー著　幾島幸子・塩原通緒訳『暴力の人類史　上下巻』青土社、2015年
16) 淀川茂重「研究学級の創設と実情」。出典は稲垣忠彦『日本の教師 20　教師の教育研究』ぎょうせい、1993年
17) 千々布敏弥『日本の教師再生戦略』教育出版、2005年

第2章
中央教育審議会答申と授業づくりの課題

横浜国立大学名誉教授
髙木展郎

1 中教審「答申」が求める学力としての「資質・能力」

(1) 「学力」から「資質・能力」へ

　新学習指導要領では、「学力」という用語は使用していない。なぜなら、今回の学習指導要領改訂において、学力そのものの見直しを図っているからである。

　それは、今回の学習指導要領改訂を「社会に開かれた教育課程」と名付け、そこで育成される学力が、学校のみで留まるだけでなく、生涯にわたって生きて働くものとしての位置付けを行おうとしたからである。

　それゆえ、新学習指導要領においては、「学力」ではなく「資質・能力」の育成を図ることを目指している。

　日本の近代教育は、明治5年の学制によって始まった。そして、その後約70年を経て太平洋戦争に敗戦したことにより、日本の教育は大きく転換し、それから今日まで、さらに約70数年が経過しようとしている。この日本の戦後教育は、時代の中で、時代が求める学力の育成が図られてきたことは、評価できる。

　戦後の日本の教育は、高度経済成長に象徴されるように、学歴社会と社会が求める人材育成とがかみ合い、知識の習得と再生の正確性とを学力とし、それをペーパーテストによって測定し、序列化を図ることによって機能してきた。その象徴的なものが「偏差値教育」といわれ、偏差値を基に学校を序列化し、偏差値によって進路指導が行われていた状況がある。

　この知識の習得量と再生の正確性という学力観は、いわゆる「勉強ができる」ということになり、今日でもまだ、その学力観に依拠した考え

第2章
中央教育審議会答申と授業づくりの課題

方が根強く存在している。それは、大学入試に対しての学力観として根強く、特に、高等学校における授業改善の障害になっている。

しかし、今日、世界は大きく変わろうとしており、また、世界情勢も不安定な要素を多く抱える時代になっている。まさに、日本においてもグローバル化した社会に対応が求められる時代を迎えようとしている。

このような状況の中で、これからの次代を生きる子供たちに必要な学力は、これまでに培われてきた学力のみでは、通用しない時代を迎えようとしている。それは、戦後これまでの学校教育において育成してきた学力観を否定するものではなく、時代の中での学力観そのものが、変わろうとしているのである。

そこで、次期学習指導要領改訂に向けて、これまでの戦後教育を総括しつつ、これまで行われてきている日本の戦後教育の良さを残しつつ、これからの時代に求められる学力への転換を図るための教育理念を示したものが、中央教育審議会「幼稚園、小学校、中学校、高等学校及び特別支援学校の学習指導要領等の改善及び必要な方策等について（答申）」（平成28年12月21日、以下、「中教審答申」）である。

そこでは、まず、これからの初等中等教育において、どのような学力を次代を生きる子供たちに育成するかを、次のように述べている。

> 本答申は、2030年の社会と、そして更にその先の豊かな未来において、一人一人の子供たちが、自分の価値を認識するとともに、相手の価値を尊重し、多様な人々と協働しながら様々な社会的変化を乗り越え、よりよい人生とよりよい社会を築いていくために、教育課程を通じて初等中等教育が果たすべき役割を示すことを意図している。(p.1)

ここに、これから学校教育で育成すべき「資質・能力」の方向性が示

されている。

　「資質・能力」は、一人一人の子供たちが生まれながらにそれぞれがもっている「資質・能力」を、教育によって、いかにより良く、更に、高次のものへと、意図的・計画的に育成を図るかが重要となる。

　そこで、各学校においては、意図的・計画的な教育課程を作成し、それを基に教育を行うことを、以下のとおり求めている。

　　本答申は、学校を変化する社会の中に位置付け、学校教育の中核となる教育課程について、よりよい学校教育を通じてよりよい社会を創るという目標を学校と社会とが共有し、それぞれの学校において、必要な教育内容をどのように学び、どのような資質・能力を身に付けられるようにするのかを明確にしながら、社会との連携・協働によりその実現を図っていくという「社会に開かれた教育課程」を目指すべき理念として位置付けることとしている。これによって、教職員間、学校段階間、学校と社会との間の相互連携を促し、更に学校種などを越えた初等中等教育全体の姿を描くことを目指すものである。(p. 1)

　この教育課程を具体的に明示化することが、各学校ごとのカリキュラム・マネジメントである。

(2)　カリキュラム・マネジメントを通して授業を創る

　これまでは、「何ができるようになるのか」ということが学校教育の重要な課題であり、その内容を教育課程で示し、学力としての育成を図ってきた。しかし、先にも述べたように、今日、世界的な状況、更に、学力に対しても、そのとらえ方や考え方が大きく転換しようとして

いる。日本の学校教育において、これからの次代を生きる子供たちに育成すべき学力としての「資質・能力」に対して、パラダイムシフトが求められるようになってきている。

そのため、これからの次代を生きる子供たちに育成を目指す資質・能力を整理し、そのうえで、整理された資質・能力を育成するために必要な方略を、改訂する学習指導要領で具体化を図ることとし、中教審答申にその内容が示されている。

そこで、カリキュラム・マネジメントとも関連させて、以下の内容を新しい学習指導要領の改善の枠組みとして示している。

---

① 「何ができるようになるか」(育成を目指す資質・能力)
② 「何を学ぶか」(教科等を学ぶ意義と、教科等間・学校段階間のつながりを踏まえた教育課程の編成)
③ 「どのように学ぶか」(各教科等の指導計画の作成と実施、学習・指導の改善・充実)
④ 「子供一人一人の発達をどのように支援するか」(子供の発達を踏まえた指導)
⑤ 「何が身に付いたか」(学習評価の充実)
⑥ 「実施するために何が必要か」(学習指導要領等の理念を実現するために必要な方策)

上記六つが、これからの次代を生きる子供たちに求める資質・能力を育成するためのカリキュラムの内容であり、その実現に向けては、各学校ごとに具体的なカリキュラム・マネジメントを行うことが求められる。

この内容を、各学校ごとにカリキュラム・マネジメントとして位置付け、全教職員が理解し、日々の教育活動としての授業づくりを行うことが求められている。

カリキュラム・マネジメントを行うに当たっては、各学校ごとのグランドデザイン、各教科等のグランドデザイン、各教科等の年間指導計画、単元構想が重要となる。
　これらについては、図1のような関係を明確にすることにより、カリキュラム・マネジメントの実現が図られる。

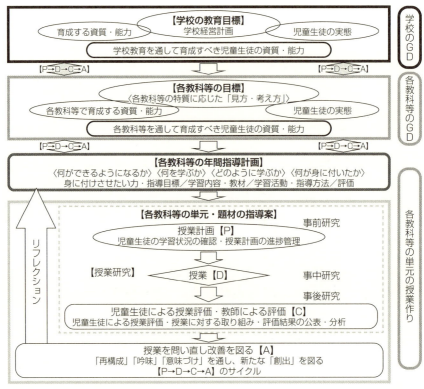

図1　カリキュラム・マネジメント　　　　　　　　　　　　©髙木展郎2017

第2章
中央教育審議会答申と授業づくりの課題

 カリキュラム・マネジメントに位置付けられた
授業づくりの構造

(1) 学習指導要領の目標を実現する授業づくり

　日本の学校教育において、これまで授業を行うため依拠してきたのは、教科書である。教科書は、明治期前にも往来物等があったが、学校教育として明治期中期から国定教科書が発達し、太平洋戦争敗戦後には検定教科書になり、現在の学校教育でも、重要な位置を占めている。

　今日、各学校において使用されている教科書は、世界の中の教科書に比しても優れており、大変良くできている。教科書によって日本中、何処に行っても一定の水準の授業が行われていることが担保されている。一方、そのことが各学校の各授業における創造性の幅を狭くしていることも事実である。

　教育の機会均等は保障しなくてはならないが、それを教科書によって行うのではなく、学習指導要領の目標と内容とによって、保障されなくてはならない。そのためには、学習指導要領に基づいた各学校ごとのカリキュラム・マネジメントが重要となる。

　各学校ごとに行われている日々の授業では、教科書に記載されている内容や指導事項に基づいて教育課程の編成表が作成され、それに沿って年間指導計画や各単元の指導計画が示され、それを基にして授業が行われることが多い。

　このことは、教科書に基づいた教育課程の編成表に従えば、学習指導要領を見なくても、各教科等の年間の学習指導や各単元の指導を行うことのできる構造となっていることを示している。それは、今日の学校教

育が、教科書によって教育課程の内容の学習が行われているという実態をも示している。

　この教科書中心の教育課程では、各学校の子供たちの実態や実情、地域の現状に合わせた教育が行われない。極端なことをいえば、各学校ごとに行われるはずの授業が、日本中同じものとなってしまう。それでは、目の前の子供たちの実態や実情に合った授業が行われないことになる。

　目の前の子供たちの実態や実情に合わせた教育を行うためには、学習指導要領の内容を基に、各学校の教育目標に合ったカリキュラム・マネジメントを行い、小学校6年間、中学校・高等学校3年間を見通した授業計画を立て、それを実行することが重要となる。

⑵　各学校ごとのグランドデザインの役割

　各学校ごとに学習指導要領に示された教育内容を授業を通して実現するためには、まず、各学校の教育目標を子供たちと教職員全員が共有することが必要である。学習指導要領には、小学校6年間、中学校・高等学校3年間を通して、育成すべき資質・能力の方向性が示されている。

　各学校においては、これまで学校目標と日々の授業との間に、乖離があったのではないだろうか。学校目標は学校目標、各教科の授業は各教科の授業、として行われ、各教科の授業が、学校目標の内容を実現するために行われているという感覚をもっていなかったのではないだろうか。

　学校目標に示されている内容の達成を図るために、各教科の授業では、それぞれの教科を通して資質・能力の育成を行っている。このことを、これからの学校教育では、意識することが重要となる。

　そこで、各学校ごとのグランドデザインを作成することが求められる。

　この各学校ごとのグランドデザインと各教科等の授業をつなぐためには、各教科等のグランドデザインを作成することが必要となる。

(3) 各教科等のグランドデザインを作成することの意味

　これまで各教科の授業では、教科書の教材を頁の順番にしたがって指導することが多かったのではないだろうか。先にも述べたが、日本の教科書は優れており、その内容を示されている順にしたがって授業を行えば、これまでの時代が求める学力の育成を図ることはできた。

　しかし、2000年以降、OECDのPISA調査で示された学力に象徴されるように、これからの時代が求める資質・能力は、これまでの授業だけでは育成することのできない状況になってきている。だからこそ、授業を通して各教科等で育成すべき資質・能力の内容を、各学校の子供たちの実態や実情に合わせて、各学校ごとに定位することが求められるようになってきた。

　そこで、各学校における教科学習については、学習指導要領の目標・内容を基に、各学校の実態や実情に合わせてカリキュラム・マネジメントを行うことが必要となる。

　各学校における教科の学習は、各学校ごとのグランドデザインに示されている学校目標や重点目標を達成するために行われるべきものである。しかし、現実は、各教科の学習での内容が、学校のグランドデザインに結び付かず、乖離している状況も多く認められる。そのことは、先にも教科書との関係で述べたが、これまで教科書中心で行われてきた各教科の授業を、学習指導要領に示されている目標と内容に沿ったものにしなければ、それぞれの学校に即したカリキュラムを作成することはできない。

　言い換えるなら、教科書に準拠するのではなく、学習指導要領に準拠し、各学校の子供たちの実態や実情に合った、教科ごとのグランドデザインを創ることが、各学校での学校目標の実現につながるカリキュラム・マネジメントを行うことになる。

各教科等のグランドデザインのモデルは、図2のようになる。

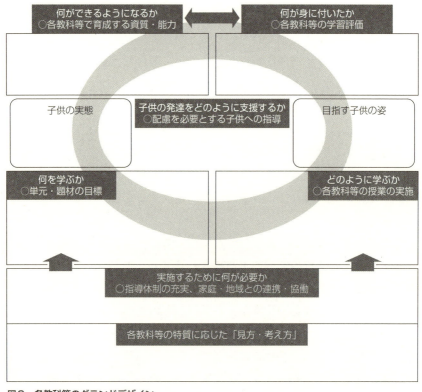

図2　各教科等のグランドデザイン

(4) 各教科等の年間指導計画の重要性

　各教科等の学習指導は、1時間1時間ごとの学習の積み重ねではあるが、その総体として、年間でそれぞれの教科が、その教科目標に沿って、どのような資質・能力の育成を図るかが問われている。
　また、新学習指導要領においては、これまでの知識・技能の学習内容

の削減はなく、更に、思考力・判断力・表現力等も育成することが求められている。そのうえ、小学校では、外国語活動や外国語の授業時数も増加された。これまでと同じような授業計画では、授業時数が足りなくなることは、明らかである。

　そこで、各教科においても、年間の指導計画をきちんと立てることが重要となる。

(5)　各教科等の単元・題材の学習指導案

　これまで日本の学校教育においては、指導案の多くは、1時間の中でのものが一般的であった。研究授業においても、1時間の授業を対象として、行われることが多い。しかし、1時間を対象にすると、中教審答申の育成を目指す資質・能力の三つの柱に示されている「知識・技能」「思考力・判断力・表現力等」「学びに向かう力・人間性等」を育成することは難しい。この三つの柱に示されている資質・能力の育成には、時間的なスパンが必要である。

　そのことについて、中教審答申では、「単元等のまとまりを見通した学びの実現」として、次のように示している。

> 　各学校の取組が、毎回の授業の改善という視点を超えて、単元や題材のまとまりの中で、指導内容のつながりを意識しながら重点化していけるような、効果的な単元の開発や課題の設定に関する研究に向かうものとなるよう、単元等のまとまりを見通した学びの重要性や、評価の場面との関係などについて、総則などを通じて分かりやすく示していくことが求められる。(p. 52)

　そこで、これからの学習指導案は、基本的にはこれまでの1時間単位

のものではなく、資質・能力の三つの柱を単元のスパンの中に明確に位置付けた、単元全体を見通すことのできるものが求められる。

❸ 「主体的・対話的で深い学び」のとらえ方と資質・能力の育成

(1) 「主体的・対話的で深い学び」とは何か

「主体的・対話的で深い学び」について、中教審答申では、以下のように示している。

> 「主体的・対話的で深い学び」の実現とは、特定の指導方法のことでも、学校教育における教員の意図性を否定することでもない。人間の生涯にわたって続く「学び」という営みの本質を捉えながら、教員が教えることにしっかりと関わり、子供たちに求められる資質・能力を育むために必要な学びの在り方を絶え間なく考え、授業の工夫・改善を重ねていくことである。(p. 49)

そして、「主体的・対話的で深い学び」の具体的な内容について、中教審答申では、以下のように整理している。

> 「主体的・対話的で深い学び」の実現とは、以下の視点に立った授業改善を行うことで、学校教育における質の高い学びを実現し、学習内容を深く理解し、資質・能力を身に付け、生涯にわたって能動的（アクティブ）に学び続けるようにすることである。
> ① 学ぶことに興味や関心を持ち、自己のキャリア形成の方向性と

関連付けながら、見通しを持って粘り強く取り組み、自己の学習活動を振り返って次につなげる「主体的な学び」が実現できているか。
　子供自身が興味を持って積極的に取り組むとともに、学習活動を自ら振り返り意味付けたり、身に付いた資質・能力を自覚したり、共有したりすることが重要である。
② 子供同士の協働、教職員や地域の人との対話、先哲の考え方を手掛かりに考えること等を通じ、自己の考えを広げ深める「対話的な学び」が実現できているか。
　身に付けた知識や技能を定着させるとともに、物事の多面的で深い理解に至るためには、多様な表現を通じて、教職員と子供や、子供同士が対話し、それによって思考を広げ深めていくことが求められる。
③ 習得・活用・探究という学びの過程の中で、各教科等の特質に応じた「見方・考え方」を働かせながら、知識を相互に関連付けてより深く理解したり、情報を精査して考えを形成したり、問題を見いだして解決策を考えたり、思いや考えを基に創造したりすることに向かう「深い学び」が実現できているか。(pp. 49-50)

　「主体的・対話的で深い学び」は、単元や題材のまとまりの学びの過程の中で、授業として一体として行われなくてはならない。その授業の中では、「主体的」「対話的」「深い学び」の三つがそれぞれの内容と相互のバランスを取りながら、行われることが重要となる。
　それゆえ、先に述べた、単元・題材全体を見通した学習指導案が求められる。
　このような学びを通し、各教科等の学びの過程の中で「主体的・対話的で深い学び」が実現されることにより、これからの時代が求める三つ

の柱として示されている資質・能力の育成が可能になったり、更にそれを伸ばすことができる。

　そのような授業を行うためには、単元や題材の計画を通して、授業設計としての学習指導案の充実がこれまで以上に求められており、それを基に指導と評価の一体化を図らなくてはならない。

(2)　新学習指導要領に示された「主体的・対話的で深い学び」

　新学習指導要領では、アクティブ・ラーニングという用語は用いられていない。アクティブ・ラーニングという用語が注目されたのは、平成26年11月20日の文部科学大臣の「初等中等教育における教育課程の基準等の在り方について（諮問）」からである。しかし、アクティブ・ラーニングという用語の定義が様々あり、その内容を明示化することが難しいため、告示としての新学習指導要領では、「主体的・対話的で深い学び」という言葉に定着した。

　新学習指導要領で「主体的・対話的で深い学び」が取り上げられているのは、「総則」の「第3　教育課程の実施と学習評価」である。そこには、以下のように示されている。

1　主体的・対話的で深い学びの実現に向けた授業改善
　各教科等の指導に当たっては、次の事項に配慮するものとする。
　(1)　第1の3の(1)から(3)までに示すことが偏りなく実現されるよう、単元や題材など内容や時間のまとまりを見通しながら、児童の主体的・対話的で深い学びの実現に向けた授業改善を行うこと。
　　　特に、各教科等において身に付けた知識及び技能を活用したり、思考力、判断力、表現力等や学びに向かう力、人間性等を

> 発揮させたりして、学習の対象となる物事を捉え思考することにより、各教科等の特質に応じた物事を捉える視点や考え方（以下「見方・考え方」という。）が鍛えられていくことに留意し、児童が各教科等の特質に応じた見方・考え方を働かせながら、知識を相互に関連付けてより深く理解したり、情報を精査して考えを形成したり、問題を見いだして解決策を考えたり、思いや考えを基に創造したりすることに向かう過程を重視した学習の充実を図ること。

　したがって、「主体的・対話的で深い学び」は、授業改善の型ではなく、これからの時代が求める資質・能力の育成に係る授業改善を図る重要な考え方・視点であることを理解したい。

 ## これからの授業づくりの課題と方向性

　新学習指導要領に沿った授業づくりは、これまで多く行われてきた「知識・技能」の習得と習熟のみでなく、子供たち一人一人が「思考」し、「判断」し、それをいかに他者との関わりの中で「表現」すること、更に「主体的に学習に取り組む態度」も、合わせて求められる。この三つは、互いに相関し、バランス良く育成することが必要である。そこで、単元や題材の授業過程を「主体的・対話的で深い学び」の過程とすることが重要となり、その過程を通して、これからの次代に子供たちに求められる資質・能力の育成を可能とする。
　そのためにも、新学習指導要領の「総則」「第2　教育課程の編成」「2　教科等横断的な視点に立った資質・能力の育成」の趣旨に沿い、各教科等で育成すべき資質・能力を大切にしつつ、さらに、教科等を越

えて授業改善の視点を共有することにより、教育課程全体を通じた質の高い学びを実現していくことも期待される。

　明治以降の日本の学校教育の優れた面は残しつつ、時代が変わる中で、求められる資質・能力も変わろうとしている。次代を生きる子供たちに、これからの時代に必要な資質・能力を育成することは、今日の学校教育の重要な課題である。一人一人の子供たちに、今を生きるのではなく、未来を生きるために必要な資質・能力の育成を図りたい。

第3章
「深い学び」を実現する授業づくりの技法

早稲田大学教職大学院教授
田中博之

❶ 「主体的・対話的で深い学び」とは何か

(1) 中央教育審議会答申の特徴付け

　中央教育審議会は、2015年8月26日に示した「論点整理」の中で、アクティブ・ラーニングを、「課題の発見と解決に向けた主体的・協働的な学び」と定義した。その後、2016年8月に「審議まとめ」を、そして同年12月21日に「答申」(以下、「中教審答申」という)を公表して、アクティブ・ラーニングの定義を修正し、「主体的・対話的で深い学び」とした。

　中教審答申では、アクティブ・ラーニングの新しい定義である「主体的・対話的で深い学び」の精神を次のように述べている。

> 　「主体的・対話的で深い学び」の実現とは、特定の指導方法のことでも、学校教育における教員の意図性を否定することでもない。人間の生涯にわたって続く「学び」という営みの本質を捉えながら、教員が教えることにしっかりと関わり、子供たちに求められる資質・能力を育むために必要な学びの在り方を絶え間なく考え、授業の工夫・改善を重ねていくことである。(p. 49)

　ただし、これだけでは抽象的であるので、中教審答申で特徴付けられた三つの視点を次に紹介しよう。

① 主体的な学びとは

　学ぶことに興味や関心を持ち、自己のキャリア形成の方向性と関連付けながら、見通しを持って粘り強く取り組み、自己の学習活動を振り返って次につなげる「主体的な学び」が実現できているか。

　子供自身が興味を持って積極的に取り組むとともに、学習活動を自ら振り返り意味付けたり、身に付いた資質・能力を自覚したり、共有したりすることが重要である。

② 対話的な学びとは

　子供同士の協働、教職員や地域の人との対話、先哲の考え方を手掛かりに考えること等を通じ、自己の考えを広げ深める「対話的な学び」が実現できているか。

　身に付けた知識や技能を定着させるとともに、物事の多面的で深い理解に至るためには、多様な表現を通じて、教職員と子供や、子供同士が対話し、それによって思考を広げ深めていくことが求められる。

③ 深い学びとは

　習得・活用・探究という学びの過程の中で、各教科等の特質に応じた「見方・考え方」を働かせながら、知識を相互に関連付けてより深く理解したり、情報を精査して考えを形成したり、問題を見いだして解決策を考えたり、思いや考えを基に創造したりすることに向かう「深い学び」が実現できているか。

　子供たちが、各教科等の学びの過程の中で、身に付けた資質・能力の三つの柱を活用・発揮しながら物事を捉え思考することを通じて、資質・能力がさらに伸ばされたり、新たな資質・能力が育まれたりしていくことが重要である。教員はこの中で、教える場面と、子供たちに思考・判断・表現させる場面を効果的に設計し関連させ

ながら指導していくことが求められる。(pp. 49-50)

これら三つの視点を生かした授業改善が、今後求められるようになる。

(2) 筆者が定義するアクティブ・ラーニング

以上のような中教審答申の定義は、まだ具体的な授業づくりに生かすには不明確であるため、筆者がアクティブ・ラーニングをどのようにとらえるべきであると考えているかを紹介しよう。その定義に沿った一覧表を掲載するので、各学校での実践研究に当たって参考にしていただきたい（表1参照）。

表1 アクティブ・ラーニングの特徴一覧表

授業のシステム要素	主体的な学び	対話的な学び	深い学び
学習目標	・見通しをもって取り組む ・学習計画を立てる	・話し合いを通して新たな考えを生む ・合意形成や意思決定をする	・考えや作品を練り上げる ・理由や根拠を示して発表する
学習課題	・課題を発見する ・課題を解決する	・話し合いで適切な課題を作る ・話し合いで解決の見通しを作る	・既習事項とのつながりを考える ・どの知識が活用できるか考える
学習内容	・自分の考えをもちながら読む ・資料を活用して調べる	・資料の多様な読みを生かし合う ・わからないことを教え合う	・教科書や資料集を越えて学ぶ ・単元間や教科間の関連をとらえる
学習形態	・自力解決をする ・グループを自分たちで構成する	・ペアやグループで話し合う ・学級全体で話し合う	・グループ間で考えを集約し深める ・学級全体で検証をする
学習方法	・学習方法を自己決定する ・集中して学習活動に取り組む	・グループで合意形成をする ・ディベートや討論会をする	・解明的、分析的に考える ・法則の発見や仮説の検証をする

活動系列	・課題解決を行う ・タイムマネジメントを行う	・自己内対話→グループ対話→全体討議 ・ゲストティーチャーとの対話をする	・単元内で発見の連続を生み出す ・教科横断的な課題解決をする
メディア活用	・効果的なメディアを選択する ・目的をもって情報検索をする	・外部人材や他校とメール交流をする ・メディア作品を共同制作する	・研究成果を作品にして発表する ・教科書や資料集にない情報を集める
教材・リソース	・必要な資料を収集する ・必要な資料を選択する	・分担して必要な資料を収集、読解する ・友だちの異なる読みや解釈を生かす	・外部人材の資料を活用する ・資料から事例研究をする
学習環境	・図書館や学習センターを活用する ・社会教育施設を活用する	・図書館司書や学芸員に問い合わせる ・学年発表会や異学年交流会で学び会う	・図書館や学習センターで研究をする ・社会教育施設の資料で研究をする
学習評価	・自己評価をして成長を振り返る ・評価規準やルーブリックを作る	・相互評価をする ・改善意見を伝えてアドバイスをする	・学びの深まりをメタ認知する ・ルーブリックで中間評価をする

【筆者がとらえるアクティブ・ラーニングの定義】

　課題の発見と解決に向けた主体的・協働的・創造的な学びであり、習得・活用・探究という学習プロセスに沿って自らの考えを広げ深める対話を通して、多様な資質・能力を育てる学習方法である。

2 「浅い学び」にならないための注意点

(1)　アクティブ・ラーニングに関わる六つの誤解を解く

　「深い学び」という特徴付けによって、学校にもたらされる負担は小さくない。新学習指導要領の下では学習内容の削減はなく授業時数の増

加もない。そのような中で、各学校のカリキュラム・マネジメントという個別の創意工夫だけで、主体的で対話的な学びを実現するだけでも授業時間が取られて大変になる。

それに加えて、「深い学び」を実現しようとすると、教科書の中の活用問題を授業で取り扱ったり、資料集にも載っていない資料を使ったり、グループ討論やクラスでの一斉検証という時間がかかる学習方法を多用しなければならなくなる。多くの課題を抱える学校に、現実的な問題として、そのような負担を担う余裕はないだろう。

それにも関わらず、アクティブ・ラーニングの視点の一つに、文部科学省が「深い学び」を入れるという判断をした理由の一つは、六つの誤解を解きたいという意図があったからではないだろうか。

- 講義式授業以外のすべての学習方法は何でもアクティブ・ラーニングである
- アクティブ・ラーニングを実施する利点は、生徒が寝なくなることである
- アクティブ・ラーニングの特徴は、子供たちが教室中を歩き回ることである
- アクティブ・ラーニングのねらいは、受験問題集を解いて進学実績を上げることである
- アクティブ・ラーニングとは、アメリカの大学で開発された対話型を入れた授業のことである
- 思考が活性化すればよいので、講義式授業でもアクティブ・ラーニングは成立する

このような六つの特徴は、どれも中教審答申や新学習指導要領には書かれていない。「アクティブ」と「ラーニング」の間にある中黒点のあ

るなしを問わず、この六つの特徴をもつ学習を実施してしまうと、「浅い学び」になることを危惧したと考えられる。

(2) 「浅い学び」にならない工夫

その証拠の一つに、中教審答申の中には次のような指摘がある。

> 　形式的に対話型を取り入れた授業や特定の指導の型を目指した技術の改善にとどまるものではなく、子供たちそれぞれの興味や関心を基に、一人一人の個性に応じた多様で質の高い学びを引き出すことを意図するものであり、さらに、それを通してどのような資質・能力を育むかという観点から、学習の在り方そのものの問い直しを目指すものである。(p. 26)

　つまり、この指摘の中には、上記の六つのような浅い学びの特徴をもつ学習ではなく、多様な資質・能力の育成、課題解決的な学び、価値の創造、考えの形成、さらに、習得・活用・探究という学習の過程に沿った学びという、より高度な学びの実現という意図が含まれている。

　中教審答申が求める「深い学び」と、これまでの誤解に基づく「浅い学び」はどのような違いがあるかを整理したので、参考にしていただきたい（表2参照）。

　「浅い学び」は、ついつい学校で陥りやすい授業の問題点を多く含んでいる。それへの警鐘として、この表が役立つことがあれば幸いである。

表2 「深い学び」と「浅い学び」の比較（例示）

授業のシステム要素＼学びのレベル	「浅い学び」	「深い学び」
学習目標	課題解決的な資質・能力の育成が含まれていない。	課題解決的な資質・能力の育成が含まれている。
学習課題	知る・理解する・まとめるなどの低次な課題になっている。	説明する・発見する・表現する・合意するなどの高次な課題になっている。
学習内容	教科書や資料集の内容を要約することが中心である。	資料から規則性を発見したり、資料集を越えた新しい資料を活用している。
学習形態	理解している人が理解していない人に教えている。	役割分担や意見交流をもとにして、課題解決ができる集団である。
学習方法	教える・まとめる・写す・理解することが中心である。	再構成・発見・検証・説明・論述・説得などの課題解決的な活動が多い。
活動系列	課題解決のための学習プロセスが明確でない。	課題解決のための学習プロセスが明確になっている。
メディア活用	教師が情報伝達の道具としてICTを用いている。	子供たちが課題解決の道具としてICTを用いている。
教材・リソース	知識の理解や穴埋めの完成がねらいである。	教材や資料から規則性や原理を発見することがねらいである。
学習環境	教室での教科書と板書が中心の授業になっている。	図書館や学習センターを活用して、資料活用による学習を行っている。
学習評価	単元テストや定期試験でのペーパーテストが中心である。	ルーブリック評価や子供たちによる自己評価や相互評価をしている。

(3) 「見方・考え方」による「深い学び」を創る

　三つめの理由は、これからの授業づくりにおいて、子供たちの認識と活動の両面において、何らかの模範性のあるモデルを用いて学びを深める必要性を提案したかったのだろう。そのことを、中教審答申では、「見方・考え方」と呼び、各教科の例示をしている（表3参照）。

第3章 「深い学び」を実現する授業づくりの技法

表3 各教科等の特質に応じた見方・考え方のイメージ（※中学校）

言葉による見方・考え方	自分の思いや考えを深めるため、対象と言葉、言葉と言葉の関係を、言葉の意味、働き、使い方等に着目して捉え、その関係性を問い直して意味付けること。
社会的事象の地理的な見方・考え方	社会的事象を、位置や空間的な広がりに着目して捉え、地域の環境条件や地域間の結び付きなどの地域という枠組みの中で、人間の営みと関連付けること。
社会的事象の歴史的な見方・考え方	社会的事象を、時期、推移などに着目して捉え、類似や差異などを明確にしたり、事象同士を因果関係などで関連付けたりすること。
現代社会の見方・考え方	社会的事象を、政治、法、経済などに関わる多様な視点（概念や理論など）に着目して捉え、よりよい社会の構築に向けて、課題解決のための選択・判断に資する概念や理論などと関連付けること。
数学的な見方・考え方	事象を、数量や図形及びそれらの関係などに着目して捉え、論理的、総合的・発展的に考えること。
理科の見方・考え方	自然の事物・現象を、質的・量的な関係や時間的・空間的な関係などの科学的な視点で捉え、比較したり、関係付けたりするなどの科学的に探究する方法を用いて考えること。
音楽的な見方・考え方	音楽に対する感性を働かせ、音や音楽を、音楽を形づくっている要素とその働きの視点で捉え、自己のイメージや感情、生活や社会、伝統や文化などと関連付けること。
造形的な見方・考え方	感性や想像力を働かせ、対象や事象を、造形的な視点で捉え、自分としての意味や価値をつくりだすこと。
体育の見方・考え方	運動やスポーツを、その価値や特性に着目して、楽しさや喜びとともに体力の向上に果たす役割の視点から捉え、自己の適性等に応じた『する・みる・支える・知る』の多様な関わり方と関連付けること。
保健の見方・考え方	個人及び社会生活における課題や情報を、健康や安全に関する原則や概念に着目して捉え、疾病等のリスクの軽減や生活の質の向上、健康を支える環境づくりと関連付けること。
技術の見方・考え方	生活や社会における事象を、技術との関わりの視点で捉え、社会からの要求、安全性、環境負荷や経済性等に着目して技術を最適化すること。
生活の営みに係る見方・考え方	家族や家庭、衣食住、消費や環境などに係る生活事象を、協力・協働・健康・快適・安全、生活文化の継承・創造、持続可能な社会の構築等の視点で捉え、よりよい生活を営むために工夫すること。
外国語によるコミュニケーションにおける見方・考え方	外国語で表現し伝え合うため、外国語やその背景にある文化を、社会や世界、他者との関わりに着目して捉え、目的・場面・状況等に応じて、情報や自分の考えなどを形成、整理、再構築すること。
道徳科における見方・考え方	様々な事象を道徳的諸価値をもとに自己との関わりで広い視野から多面的・多角的に捉え、自己の人間としての生き方について考えること。
探究的な見方・考え方	各教科等における見方・考え方を総合的に活用して、広範な事象を多様な角度から俯瞰して捉え、実社会や実生活の文脈や自己の生き方と関連付けて問い続けること。
集団や社会の形成者としての見方・考え方	各教科等における見方・考え方を総合的に活用して、集団や社会における問題を捉え、よりよい人間関係の形成、よりよい集団生活の構築や社会への参画及び自己の実現と関連付けること。

(出典) 中教審答申 別紙1

ここでは紙面の都合から、中教審答申の別紙1を掲載することにとどめておきたい。まだ、抽象性が高く具体的な授業づくりに落とし込めないものであるが、指導の留意事項として教科のめあての本質を簡潔に表現したものといえるだろう。今後は、国立教育政策研究所が、この「見方・考え方」を具体化した指導事例集等を出すことを期待したい。

❸ アクティブ・ラーニングによる「不断の授業改善」

(1) 「主体的・対話的で深い学び」の視点による授業改善

　「主体的・対話的で深い学び」という定義は、授業改善の指針として使うにはかなり複雑なものである。なぜなら、「主体的な学び」「対話的な学び」「深い学び」という三つの視点でよりよい授業を生み出すというわけであるから、重点をどれにおくかという違いがあっても、三つの学びの特性を生かした授業改善をしなければならないからである。
　学習内容が減らず、年間授業時数は増えず、教育方法や学習方法に時間がかかるアクティブ・ラーニングを採用すると、カリキュラム・マネジメントの工夫だけで、教科書を終えて習得・活用・探究という学びのレベルアップを図ることなどできるはずはない。
　しかし、その一方で「主体的・対話的で深い学び」を通して、子供たちが21世紀を生き抜くために必要な多様な資質・能力を育てることが、必要不可欠な教育課題であることは間違いないことであろう。
　したがって、「主体的・対話的で深い学び」のための重点単元は、およそ各教科において各学期に1単元ずつ実施し、それを補うために日常の授業においては、三つの視点すべてを組み込んだ大規模な授業改善を行うのではなく、どれか一つの視点でも取り入れた授業づくりをするこ

とで、最低でも一つの教科横断的な(すべての学習の基盤となる)資質・能力を育てることをねらいとすることが現実的であるといえる。

そのためには、この章で「主体的・対話的で深い学び」という定義に含まれる学びの改善の三つの視点をしっかりととらえて、それらを生かした授業改善に日々取り組むことが何よりも大切である。

「主体的・対話的で深い学び」とは、次頁の表4で整理したような、子供たちの能動的な学習活動の要素としてとらえることができる。表4には、「主体的な学び」「対話的な学び」「深い学び」という学びの三つの視点ごとに、課題解決の流れである「課題設定」「課題解決」「発表表現」「反省評価」という四つの段階に沿って、アクティブ・ラーニングで子供たちに取り組ませたい活動を整理している。日々の授業の中で、こうした能動的な活動を少しでも取り入れることが大切である。

(2) 「深い学び」につながるアクティブ・ラーニングの
　　教科別活動例

まず、学年や学校段階の違いはあまり意識せずに、それぞれの教科に固有のアクティブ・ラーニングの活動例を挙げておきたい。ここで例示したアクティブ・ラーニングのテーマ例は、拙著『アクティブ・ラーニング実践の手引き』(教育開発研究所、2016年)で理論化した活用学習(レベル2)のものである。つまり、言語活動の充実を通して、基礎的・基本的な知識・技能の活用を図る学習活動を十分に取り入れたテーマ例になっている。

現行の教科書を分析してみると、どのような単元でどのような活動を通して活用を図る学習活動が設定されているかを学ぶことができる。教科書分析を行うことをおすすめしたい。

表4 「主体的・対話的で深い学び」の特徴

視点	場面	主な特徴
主体的な学び	設定	・学習課題や学習問題を自ら発見・設定する。 ・問題解決や創作表現に必要な学習プロセスを、自分で設定する。 ・課題解決に込められた意義や価値を自ら認識・自覚し、解決過程に生かす。
	解決	・自ら資料収集やアンケートをしたりインタビューをしたりして学びに生かす。 ・自分のアイディアや考え、質問を積極的に出して課題の解決に貢献する。 ・このような活動をすればもっとよい学習になると、活動の提案をする。
	表現	・効果的な表現方法を提案したり考案したりする。 ・リーダーシップを発揮して、グループの発表活動をマネジメントする。 ・課題解決の成果を整理・要約して、わかりやすく表現する。
	評価	・振り返りを自分の言葉で書いたり発表したりする。 ・評価規準を自ら設定し、自己評価に生かし学びを改善する。 ・自己の学習状況を振り返り、多面的な自己評価をする。
対話的な学び	設定	・問題解決や創作表現に必要な学習プロセスを、友だちと話し合って設定する。 ・グループで役割分担を決めて、話し合いを通して学習計画を作成する。 ・どのような学習課題にすればよいか、クラスで話し合って決定する。
	解決	・グループ内で多様な意見やアイディアを出し合い、学び合いや合意に生かす。 ・課題解決のアイディアや方法を、グループでの対話を通して豊かに出し合う。 ・友だちのよさを認め合い、励まし合って支え合う集団をつくる。
	表現	・地域の人や保護者との対話を通して、自己の学びを深める。 ・よりよい発表内容や発表方法について、グループで活発に意見を出し合う。 ・グループで協力して発表したり討論したりする。
	評価	・友だちの学びを高めるアドバイスや肯定的な相互評価をし合う。 ・友だちとの考えの相違点を認め合い、そのよさを生かし合う。 ・グループ間交流をして、お互いの学びを深め合う。
深い学び	設定	・既有知識を生かして課題を設定する。 ・自分の仮説を図や文章で書いて発表する。 ・これまでの学習を生かして、解決の見通しをもつ。
	解決	・豊かな発想をもとにブレーンストーミングをして思考を深め文章化する。 ・資料を比較しながら原因を探ったり考察をしたりする。 ・「なぜだろう？」「どうしてだろう？」と自ら問い、疑問をもつようにする。
	表現	・既有の知識・技能を活用して、個性的で新しい表現をする。 ・思考や表現をより高いものに練り上げる。 ・理由や根拠を示して、筋道の通った説明をする。
	評価	・既存の情報や資料の背景や出典、根拠などを批判的に検討する。 ・ルーブリックを活用したり作成したりして、自らの資質・能力を高める。 ・既有の知識・技能を活用して、根拠の明確な考察ができているか振り返る。

第3章 「深い学び」を実現する授業づくりの技法

【教科別の活用学習のテーマ例】
(国語科)
　・物語文、詩、俳句・短歌、説明文、意見文、随筆、社説等の創作表現
　・ディベート、学級討論会、パネルディスカッション等の伝え合う活動
　・本の帯、本の紹介文、感想文などの短作文による創作表現
(算数科、数学科)
　・活用問題の解決（論証、説明、討論）
　・実生活の中の課題解決（建物の高さの測定、枚数や本数の推定）
　・算数新聞や数学レポートの作成と発表、討論
(理科)
　・実験や調査を通した仮説検証
　・理論を活用した論証（進化の説明、血液型の推定、遺伝の法則の活用等）
　・理科新聞や理科レポートの作成と発表、討論
(社会科)
　・資料活用による仮説検証や社会事象の特徴の説明
　・地域での実地調査に基づく仮説検証
　・社会科レポートの作成と発表、討論
(英語科)
　・英語を用いた物語文、説明文、意見文などの創作表現
　・スピーチ、プレゼンテーション、ディベート等の伝え合う活動
　・寸劇、歌唱、群読、役割演技、創作紙芝居の上演等の発表活動
(音楽科)
　・共通事項を活用したリズム表現による創作表現
　・映画やアニメーションのBGMづくりと演奏会
　・複数の楽曲の比較による鑑賞

（図画工作科、美術科）
　・特定の表現技法（共通事項）を活用した創作表現
　・複数の絵画や彫塑、工作などの比較による鑑賞
　・展覧会の企画と展示
（保健体育科）
　・基礎的な技能の型（モデル）を活用した試合形式の競技
　・基本的なステップなどの型（モデル）を活用した創作ダンス表現
　・保健領域に関わる課題レポートの作成と発表、討論
（技術・家庭科）
　・基本的な技能の型（モデル）を活用した作品製作
　・日常生活の調査研究によるレポート作成と発表、討論
　・PDCAサイクルに沿った実習活動の実施と改善

(3)　「深い学び」としての15の技法

　それでは最後に、アクティブ・ラーニングの「深い学び」とは、どのような学習活動であるのかを探っていくことにしよう。表5に、「深い学び」になる15の学びの技法を挙げた。これも、あくまでもこれまでの実践研究の成果に基づく例示であるため、これから少しずつ改訂する必要がある。また、1単元に組み入れる技法は三つ程度にして、無理なく子供たちが自然に取り組めるようにしたい。

第3章 「深い学び」を実現する授業づくりの技法

表5 「深い学び」を生み出す15の技法（例示）

領域	技法	特徴
A 内容の深まり	1. 資料やデータに基づいて考察する	思いつきや勘だけで答えを当てるのではなく、資料やデータに基づいて自分の考えを形成する。
	2. 既有の知識・技能を活用して思考や表現をする	既習の知識・技能を活用して（習ったことを使って）、考えたり表現したりする。
	3. 複数の資料や観察結果の比較から結論を導く	複数の資料や観察結果をもとにそれらを比較して、共通点や相違点を検討ししっかりとした結論を出す。
	4. 友だちと練り合いや練り上げをする	ペアやグループでの対話を通して、考えや作品、パフォーマンスの改善課題を出し合って、練り上げていく。
	5. 知識やデータに基づいて仮説の設定や検証をする	思いつきや勘だけで考えるのではなく、知識やデータに基づいて仮説の設定や検証を行う。
B 技能の高まり	6. 視点の転換や逆思考をして考える	異なる視点から考えたり逆のプロセスから考えたりして、相手の心情や自然現象、社会事象を深く理解し表現する。
	7. 異なる多様な考えを比較して考える	自分とは異なる多様な考えや意見を参考にして、自分の考えや意見を根拠や論理を明確にして形成する。
	8. 理由や根拠を示して論理的に説明する	思いつきでなんとなく考えたことを話すのではなく、理由や根拠を資料やデータを引用しながらわかりやすく説明する。
	9. 学習モデルを活用して思考や表現をする	思いつきではなく、しっかりとした学習モデル（思考や表現の技、アイテムなど）に基づいて思考や表現をする。
	10. 既製の資料や作品を批判的に吟味検討する	既製の資料や作品の正しさや根拠をそのまま受け取るのではなく、他の資料やデータにあたって批判的に検討する。
C 関連付け	11. 学習成果と自己との関わりを振り返る	学習成果を客観的に示すだけでなく、そこで得た学びの意義や価値を自分の考えや生き方と関連付けて考察し表現する。
	12. 原因や因果関係、関連性を探る	自然現象や社会事象などの表面的な特徴だけでなく、その原因や因果関係、他の現象や事象との関連性について探る。
	13. 学んだ知識・技能を活用して事例研究をする	教科書や資料集にある一般的な制度やシステムの理解だけでなく、その知識を活用して具体的な事例研究を行う。
	14. R-PDCAサイクルで活動や作品を改善する	ただ作って終わり考えて終わりの学習にするのではなく、R-PDCAサイクルを通して活動や作品の改善を行う。
	15. 視点・観点・論点を明確にして思考や表現をする	ただ漫然と考えたり対話したりするのではなく、視点・観点・論点を明確にして焦点化した思考や表現をする。

安易に対話型にとらわれずに、日頃から「不断の授業改善」に取り組むためには、「深い学びの15の技法」を一つでも二つでも、日々の授業や単元の中に組み入れていくことが大切である。
　教科書の教材や単元と対照しながら、どの技法をどのようにして授業で生かしていくかを、校内の研究授業を通して確かめていただきたい。

【参考文献】
◦ 田中博之著『アクティブ・ラーニング実践の手引き』教育開発研究所、2016年
◦ 田中博之著『アクティブ・ラーニングの学習評価』学陽書房、2017年
◦ 田中博之著『アクティブ・ラーニング「深い学び」実践の手引き』教育開発研究所、2017年

第4章
「社会に開かれた教育課程」を実現する単元構想

武庫川女子大学講師
藤本勇二

1 正解が分からない社会の到来

(1) 求められる「学び続ける力」

 「将来、人工知能やロボット等によって米国の労働人口の半分近くが高いリスクにさらされる」(Carl Benedikt Frey and Michael A. Osborne, *The Future of Employment* : *How susceptible are jobs to computerisation?*, 2013) と指摘されるように、変化が激しく予測が難しい不透明な社会が到来する。まさに正解が分からない社会の中で、子供たちが生き抜いていくために必要な資質・能力の育成が求められている。そこでは、与えられた問題を解くだけではなく、自分で問題を見つけ、それを解決しようとする主体的な姿勢が必要となる。言い換えれば、「学び続ける力を身に付けること」が求められていると言えよう。文部科学省が「主体的・対話的で深い学び」を推進している理由も、子供たちが未来の社会を逞しく生きていくために必要だと考えるからである。
 こうした力は、これまでも学校教育で育成されてきた。従前の学習指導要領が目指してきた「生きる力」の延長線上に位置付くものであり、正解の分からない社会を視野に「生きる力」をとらえ直したものである。
 したがって、次期学習指導要領で登場した「社会に開かれた教育課程」という理念の本質も、これまでと大きく変わるものではない。しかしながら、学校と社会が連携しながら「生きる力」を実現していくことに明確に踏み込んだ内容となっている。「生きる力」の目指す資質・能力と、それを育むべく構成された教育課程の内容について、より統一性をもたせ、学校教育の充実を通してよりよい社会をつくっていく主体者を育成することに理念の本質があると言えよう。

第4章 「社会に開かれた教育課程」を実現する単元構想

　家庭や地域など子供を取り巻く様々な人たちが、この理念の目指すところを共有し、地域を育てる主体者を育成するために、社会全体で子供たちにどういう資質・能力を育むのか、そのために学ぶべき内容は何かといった視点からの学校教育の全体像を分かりやすく理解し、そして学校教育と地域を育てる主体者の育成を連続したものととらえることを目指しているのである。

(2) 型に居着く教育実践の脆さ

　学校教育は、社会と連携しながら子供たちに資質・能力を育むことに舵をとったのであるが、一方で、学校現場では、こうした学びの創出に逆行するかのような動きもある。大量に増える若い教師に対して教育委員会も管理職も早く一人前の指導技術を身に付けることを切実に願い、指導の型に頼ることに陥ってしまっている状況がある。こうした指導の型が先行する在り方に対して、中教審答申でも次のように警鐘を鳴らしている。

> 　こうした工夫や改善の意義について十分に理解されないと、例えば、学習活動を子供の自主性のみに委ね、学習成果につながらない「活動あって学びなし」と批判される授業に陥ったり、特定の教育方法にこだわるあまり、指導の型をなぞるだけで意味のある学びにつながらない授業になってしまったりという恐れも指摘されている。

　「社会に開かれた教育課程」が目指すところは、これまで積み重ねられてきた授業研究を中心とした教育実践の成果を踏まえて、「学びの質に着目して、授業改善の取組を活性化する」ことである。指導の型に居着いているままでは、教師の力量形成は図れず、子供たちの育成すべき

資質・能力を明確化し、教育課程を介して目標を学校と社会が共有するとした「社会に開かれた教育課程」の実現は、ほど遠くなる。

> 　学びを実現する具体的な学習・指導方法は限りなく存在し得るものであり、教員一人一人が、子供たちの発達の段階や発達の特性、子供の学習スタイルの多様性や教育的ニーズと教科等の学習内容、単元の構成や学習の場面等に応じた方法について研究を重ね、ふさわしい方法を選択しながら、工夫して実践できるようにすることが重要である。

　中教審答申の言葉を待つまでもなく、教師一人一人の個性的でアクティブな授業づくりの営みこそが、「社会に開かれた教育課程」を実現する前提条件として求められているのである。

❷ 未来の創り手となるための資質・能力を育む教育課程

(1) 「社会に開かれた教育課程」についての基本的な構想

　教育課程を開くことと学習指導の改善の双方に共通している理念は、「子供たちが未来の創り手となるために求められている資質・能力を育んでいく」ために学校教育を構想していくことである。

　2030年以降の社会において求められる初等中等教育の総体的な姿を想定し、中央教育審議会教育課程部会の教育課程企画特別部会において議論がなされ、平成27年8月26日に「教育課程企画特別部会論点整理」として発表された「社会に開かれた教育課程」について、基本的な構想

は、以下の通りである。

　第一は、「よりよい学校教育を通じてよりよい社会づくりを目指すという理念を持ち、教育課程を介してその理念を社会と共有していくこと」である。つまり、自らの学びが社会につながっている、社会に貢献しているという手ごたえや実感をあらゆる教育活動において子供たちが体得できるように指導を積み重ねていくということである。子供たちはそうした学びを通じ、社会の形成者としての自覚を獲得することが目指されるのである。

　第二は、「これからの社会を創り出していく子供たちが、社会や世界に向き合い関わり合っていくために求められる資質・能力とは何かを、教育課程において明確化していくこと」である。何を知っているか、何ができるかといった個別の知識・技能等を学びの基本としつつも、知っていること・できることをどう使うかという力、さらにはどのように働きかけていけば円滑に進むのかを考える力など、コンピテンシー・ベースで学習を展開していくための内容や方法を、教育課程に反映させていく必要がある。

　第三は、「教育課程の実施に当たって、地域の人的・物的資源を活用したり、放課後や土曜日等を活用した社会教育との連携を図ったりし、学校教育を学校内に閉じずに、その目指すところを社会と共有・連携しながら実現させること」であり、さらにそれを「保護者や地域の人々等を巻き込んだ『カリキュラム・マネジメント』」によって運営していくことが示されている。教育課程の計画、実施、評価、改善に至るまでの過程を学校内だけではなく、保護者や地域の人々等も参画しながら行う学校経営の在り方が求められているのである。

　以上のように、学校教育が未来の創り手としての子供たちを地域とともに育むこと、合わせて、それは資質・能力を十分に備えた地域を育てる主体者を育成することを宣言したとも言えるのである。

(2) 「開かれた学校」との違い

　これまでの地域の協力を得た教育活動は、「開かれた学校」として示されてきた。中央教育審議会答申「21世紀を展望した我が国の教育の在り方について（第一次答申）」（生涯学習政策局政策課、平成8年7月19日）において、「子供たちの教育は、単に学校だけでなく、学校・家庭・地域社会が、それぞれ適切な役割分担を果たしつつ、相互に連携して行われることが重要である」としたうえで、「開かれた学校」について以下のように述べている。

・　これからの学校が、社会に対して「開かれた学校」となり、家庭や地域社会に対して積極的に働きかけを行い、家庭や地域社会とともに子供たちを育てていくという視点に立った学校運営を心がける
・　保護者や地域の人々に、自らの考えや教育活動の現状について率直に語るとともに、保護者や地域の人々、関係機関の意見を十分に聞くなどの努力を払う必要がある
・　地域の教育力を生かし、家庭や地域社会の支援を受けることによって学校がその教育活動を展開する

　では、開かれた学校と、「社会に開かれた教育課程」の違いは何だろうか。それは、これまで学校だけの視点で作られ進められてきた教育課程や教育活動を、これからは教職員が地域や社会に目を向け、地域や社会との接点をもちながら、地域の人々などとのつながりの中でカリキュラム・マネジメントという視点で構成する点である。教科横断的な視点であったり、子供や地域の現状にあわせて改善し続けることであったり、外部の資源を効果的に活用することといった側面でカリキュラム・

マネジメントをとらえることが重要となる。

　以上のことは、学校教育のために社会が貢献するのでも、地域のために学校教育が役割を果たすのでもないことを意味している。学習の主体者である子供が学校教育で学んだことが連続する学びや育ちの結果として地域で意味をもち、地域を育てることに貢献できることを求められているのである。

　そのために学校が育成すべき資質・能力を明確化することが求められる。育成すべき「資質・能力」を整理するための「三つの柱」、ⅰ）何を知っているか、何ができるか（個別の知識・技能）、ⅱ）知っていること、できることをどう使うか（思考力・判断力・表現力等）、ⅲ）どのように社会・世界と関わり、よりよい人生を送るか（学びに向かう力、人間性等）、こうした資質・能力について、学習指導要領等を踏まえつつ、各学校が編成する教育課程の中で、各学校の教育目標とともに、育成する資質・能力のより具体的な姿を明らかにしていくことが必要となる。

　今後、各学校で、とりわけ総合的な学習の時間を中心に教育活動全体で子供を育てていくという発想に立ち、カリキュラム・マネジメントを通して実践の質と教師の力を高めていくことが重要となる。

❸ 単元レベルで構想する「社会に開かれた教育課程」：協同の視点

　協同による学びは、子供も大人も互いに、ともに生き方を求める地域の生活者として学び合う場を成立させる可能性をもっている。協同の視点について、4年生の「きゅーきょくの桜もちを作ろう」の事例を取り上げる。本事例は、「きゅーきょくの桜もち」を作るという共通目標を実現し、お世話になった方をもてなすパーティプロジェクトを成し遂げ

た実践である。学級の仲間と共有された「ほんもの」を目指すという課題意識の下、子供たち一人一人がそれぞれに自分にとっての「きゅーきょく」の意味を考えながら学習を進め、その途上で多様な他者（学校栄養士、JAの職員、保護者、地域の和菓子職人、

和菓子職人から学ぶ

食紅を使っている製菓会社、食紅の製造会社、江戸時代から続く和菓子屋）との協同的な学びを展開していった。

　桜もちパーティの終了後、和菓子職人の方は次のように語っている。「紫イモを使った色づけは絶品だったね。お店に出しても十分商品になる出来栄えでした。私が一番心に残ったのは、お母さんに食べてもらうんだと自分では食べないで桜もちを包み始めた子がいたこと。その素直な気持ちに私も心があったかくなってね。私にできることならなんでも協力したい、そう思いました。」

　興味深いことは、協同的な学びが子供の探究活動の質を深めるとともに、子供の学習に関わった大人の意識も変えていくことである。子供の参画や住民参加のまちづくりの視点からもこの点は大変重要である。ここに「社会に開かれた教育課程」を実現する単元構想の知見がある。

　本事例からは、「社会に開かれた教育課程」を実現させる教材の在り方についても確認できる。協同的な学びを深めるためには、多様な意見や考え方を引き出せる教材や、多様な立場の人材と積極的に交流できる教材であることが不可欠となる。事例では、食紅の安全性という食に関わる多様な価値観が存在する教材を取り上げることで、協同的な学習が生まれた。食紅の安全性については、食品会社、製菓会社、和菓子屋と

第4章
「社会に開かれた教育課程」を実現する単元構想

三者の立場によってそれぞれの判断が変わってくる。一方で、三者のそれぞれが食の安全性という課題と真摯に向き合っている事実もある。現代社会の課題と向き合い、社会の問題の複雑さにも気付くことができる構造が食紅という教材にはある。

給食センターで提案

　こうした現代社会の課題は、答えのない問いでもある。そこでは、異なる立場や多様な意見を踏まえながら、どこまでも問い続けていく態度が求められている。こうした課題を導き出せる教材を開発することが、協同的な学び、ひいては「社会に開かれた教育課程」を具現化するためには重要となる。教材そのものの中に、それをもたらす構造があるといえよう。

　また、適切な他者との適切な時期の出会いによって、探究活動の質的な高まりは促進される。食紅の使用を仕方ないと答えていた子は、次のように考えが変わってきた。「使わないようにしたらいいと思います。そのわけは新田先生（学校栄養士）は、できるだけ食紅を食べさせたくないと心配してくれているのに、私たちはそんな先生の思いをむししてはいけないと思ったからです」と述べている。子供たちの中で食紅の安全性に対する疑問が生まれたときに、身近な他者として学校栄養士との出会いを設定したことで、学校栄養士の食に関わる生活者としての強い思いや生き方に子供たちは触発されたのである。

　さらに、子供たちの学習が協同する大人にも影響を与える。事例でも、子供たちの作成した桜もちのレシピを給食センターで調理員に提案し、給食に提供された。このように、子供たちの学びを社会の場に引き

出す大人の意識が必要となるのであり、協同を充実させることが大きな意味をもつ。

単元レベルで構想する「社会に開かれた教育課程」：学校をつくる視点

　学校生活を改善していく意識を育てることは、子供たちが社会に関わる展望と実感を育てることにつながる。ここでは、6年生の「自己資金で科学の祭典を開催しよう」の事例を取り上げる。本事例は、総合的な学習の時間を中心に理科、社会科、国語、特活の時間に取り組んだものである。「科学の祭典」は、下級生に科学実験を紹介する活動である。電極棒を針金に触れないようにゴールまで動かす「電流イライラ棒」、穴を開けた段ボール箱を叩くと空気の渦が飛び出す「空気砲」などの科学実験を、6年生が下級生にポスターセッション形式で紹介する。
　校内で開催した科学の祭典後、実験方法や発表内容を改善して、地域の科学館で開催された「サイエンスフェア」において、理科の教師や大学の先生に混じって12のブースを担当し、全員が実演した。本実践の終末には、自己資金に残金があることから、それを学校のために活かすにはどうしたらよいかと検討し、テーマに即した活動としての意味ある使い道を考える活動につなげている。体験できていない下級生がまだいるので、実験解説書を作って配布し、休み時間に開催しようという活動であり、雨の日に外で遊べない下級生に何かしたいという思いと相まった活動でもある。このことは、自律的・創造的な学びを経験してきた子供は、自らの力で学校を創る活動を生み出す力を育てることができることを示唆している。
　事例では、単元の開始時には「どんな学校にしたいか」のワーク

第4章 「社会に開かれた教育課程」を実現する単元構想

ショップを行い、その成果物を教室の壁に掲示して学習の度ごとに何のためにするのかを確認してから活動を進めている。さらに、単元の前半においては、「なんのために科学の祭典を開くのですか」と、担任が繰り返し問いかけ、科学の祭典終了後には、「サイエンスフェアでどんなことができるようになりたいですか」、後半においては、「残ったお金を有効に使うためにはどうしたらいいですか」と、繰り返し問いかけている。こうした問いかけによって、子供たち一人一人がそれぞれに自分にとっての活動の意味を考え続け、見つめ直すことができたと考える。

　さらに、こうした問いかけを通じて、活動の目的の共有が、個人のレベルでも集団のレベルでも可能になる。その結果、形態の異なる3つのグループ活動（資金調達・科学実験・資金運用）においても、活動が散漫にならず自律的に取り組むことができた要因となった。こうした自律的・創造的な学びは学校生活を改善していく意識を育てることにつながる。事例では、「わくわく科学教室」を開催するために、学級の係活動として「科学わくわく係」が生まれ、会場係や実験開催の告知等の活動に自主的に取り組んだ。また、サイエンスフェア後も資金調達のために始めたアルミ缶や古紙の回収は続いた。6年生の子供たちが、「アルミ缶の回収はこれからも続けて欲しいです」、そう言って卒業していった思いを受けて、科学の祭典がきっかけで始まった回収活動は学校全体の取組みとして、保護者の協力も受けて、翌年は委員会活動に位置付けられた。

　さらに、自己資金を調達するために始まった、アルミ缶の回収や古紙回収は、省資源や省エネルギーへの意識を高

保護者の活動に発展

めることにつながった。その結果、環境に優しい学校づくりを宣言した「Eスクール」として学校に根付いていくことになる。

このように、自分たちの活動が学校全体に役立つということを体験することで、成就感を味わい、自分の学習に対

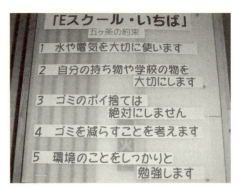
環境に優しい学校づくりへ

する自信や誇りもつことができた。自分たちのやりたいという思いで始めたことが、学校という共同体にも意味のある活動につながるということを実感できた体験の意味は大きい。

⑤ 単元レベルで構想する「社会に開かれた教育課程」：ESDの視点

ESDの取組みは、現代社会の課題を自らの問題としてとらえ、身近なところから取り組むことによって、課題解決につながる新たな価値観や行動を生み出し、持続可能な社会を創造していくことを目指す。こうしたESDの学習活動は、資質・能力を育むうえでも大変重要となる。

小学校3年生「北六自然パークをつくろう〜学校と地域のふれあう場所へ〜」の実践（実践者：西宮市立北六甲台小学校・箱根正斉教諭）から、「地域に開かれた教育課程」の可能性を紹介する。

本事例では、地域の有馬川や中央公園といった環境を活かして、「自然」「地域」「人」の3つのつながりを意識するESDの視点を取り入れ、住んでいる地域や人を中心に据えて教材開発を進めてきた。

第4章
「社会に開かれた教育課程」を実現する単元構想

　子供たちは、1学期「北六自然パークをつくろう」で有馬川の水生生物調査や中央公園生き物調査、生き物の飼育など体験活動の中から生き物の素晴らしさや生命の尊さについて感じてきた。その中で、有馬川のホタル保全活動に取り組んでいる地域の方や西宮市環境学習サポートセンターの方に川の水質環境について話をしてもらったり、須磨海浜水族園の学芸員さんを招き、生き物の飼い方や水槽のレイアウト、ポスター展示の方法についてアドバイスをいただいたりするなど、外部からゲストティーチャーを招き、学びを深めていった。

　2学期には下級生や地域の方へ北六自然パークのすばらしさをガイドする活動を行った。地域の園芸ボランティアや地区愛護委員、学校評議員や教育連携協議会委員などの地域住民を招待し、ガイドする活動を通して生き物や自然のすばらしさを再認識するとともに、他者に発信することの楽しさや自分たちの活動の意義や達成感を味わうことができた。

　地域の方を対象にしたアンケートの中には、「子供のガイドから自然のすばらしさを感じるだけでなく、地域の自然を大切にしたいという気持ちを感じた」という意見や「地域の自然を大切にするために普段の生活を振り返り、自分たちが考えるきっかけにもなりました」という意見も見られた。子供の活動が持続可能な地域や社会づくりへのきっかけになったことを感じる活動となった。

　その後、子供たちは、飼育した魚やサワガニなどの生き物を自然に返そうとしたとき、ゴミや外来種など自分たちの住んでいる自然や環境の問題点に気付いた。子供の切実感や必要感を内面から引

学芸員から話を聞く

63

出し、本当の問題意識が芽生えた瞬間となった。この問題意識を受けて、3学期には、こうした問題点を解決するためにクリーン作戦や環境ポスターの作成など主体的に活動を行い、保護者や地域へ積極的に発信してきた。子供たちは、自分たちが1年間世話し

地域の方に発表

てきた生き物の幸せを考え、未来について話し合った。このまま世話するのは困難な状況にある。しかし、自然に返すと外来種やゴミがたくさんあるから棲みにくい。今ある環境ではいけないことに子供たちは気付いていった。

　本事例に見られるようにESDの視点に立った学習指導では、図1のような資質・能力の育成を重視して進められていく。教科・領域等の学習において、ESDの視点を踏まえた取組みを実現することにより、子供たちに地域を育てる主体者としての資質・能力は育まれていく。本事例は、ESDの実現性・再現性を高める取組みを実践した事例とともに、資質・能力の育成を明確にした事例となっている。

　ESDの実践は、継続的な取組みと子供の実態に合った系統的な取組みが必要不可欠である。本事例の活動は、今年度は学校の取組みとして3年生で地域の有馬川を対象とした環境学習を継続して行うとともに、担任する5年生を対象としてバケツ稲でコシヒカリと酒米に使用される山田錦を栽培し、パン屋や洋菓子店など地域の協力を得て製品化を行う実践に取り組んでいる。ESDの実践の実現可能性や再現性を高めるために、体験活動を柱にした教科連携を通じて相互に関係付けることで、ものごとを多面的、総合的に関連付けて見たり考えたりする力を養う。ま

た、米粉を使った商品開発か
ら食品の安全性や米・小麦の
生産、輸入の問題、食品ロス
の問題など食に関する現代の
課題に気付かせる。こうした
実感のある学びの過程を通じ

> ① 批判的に考える力
> ② 未来像を予想して計画を立てる力
> ③ 多面的、総合的に考える力
> ④ コミュニケーションを行う力
> ⑤ 他者と協力する態度
> ⑥ つながりを尊重する態度
> ⑦ 進んで参加する態度

図1　ESDを通して育みたい力

て、自分たちの作った米や日本の農業が抱える課題・問題点を自分たちにできることとして考えさせ、課題解決の方法を見いだすことに取り組んでいる。

社会に開く主体としての意味

　先に取り上げた3つの事例には、未来の創り手となる資質・能力が確認できよう。そこには、子供たちの学びが社会に届く、確かな手応えがある。社会に学び続け、変化し続けていかなくてはならないのは、子供たちだけでなく、学校も同じである。保護者や地域の人々の声に耳を傾け、社会の変化に合わせて学校の教育目標やカリキュラムを見直しつつ、それを地域社会と共有していかねばならない。社会からの声を受け取り、教育目標やカリキュラムを社会と共有することで、変化に対応していくこと、それが「社会に開かれた教育課程」の一つの在り方である。
　そのためには、教育課程を社会に開く主体である学校の教職員自らの当事者意識と意欲の喚起が重要となる。
　さらに、「社会に開かれた教育課程」実現のためには、「主体的・対話的で深い学び」が前提となる。単元の内容を見直し、「主体的・対話的で深い学び」の要素をどうやって加えていくかを考え、各教員が学習指導要領を読み、それぞれの担当する領域で、「主体的・対話的で深い学

び」を取り入れた指導計画を立てていく必要がある。
　若手教員の育成も重要な課題となる。若手の先生たちを支援し、授業や学校運営が円滑に行えるよう体制を整えていかなくてはならない。学校としては、すでに行われている「主体的・対話的で深い学び」の多様な実践の内容を収集し、それを共有していくことから始めたい。
　「主体的・対話的で深い学び」を実現するのは、「子供の能動性に共感し、有能さを信頼しうる教師」である。中教審答申でも子供への眼差しの大切さを述べている。

> 　変化を見通せないこれからの時代において、新しい社会の在り方を自ら創造することができる資質・能力を子供たちに育むためには、教員自身が習得・活用・探究という学びの過程全体を見渡し、個々の内容事項を指導することによって育まれる資質・能力を自覚的に認識しながら、子供たちの変化等を踏まえつつ自ら指導方法を不断に見直し、改善していくことが求められる。

　「社会に開かれた教育課程」とは、私の学校に通う目の前の子供たちにとって、どのような教育課程が必要なのか、私の学校に関わる多くの人々とともに、改めて考え、見つめ直す機会であり、チャンスなのである。

第5章
授業改善につなぐ学習評価の在り方

関西学院大学学長特命・教授
佐藤 真

新学習指導要領における学習評価の観点とその背景

(1) 新学習指導要領における学習評価の充実

　周知のように、平成29年3月31日に新学習指導要領は告示されたが、ここで学習評価については「第1章　総則」で、以下のように示された。すなわち、「第3　教育課程の実施と学習評価」において、まず「1　主体的・対話的で深い学びの実現に向けた授業改善」が示され、その上で「2　学習評価の充実」が示されたのである。これは学習評価が、評価の総括や評定といった学習の成果に資するとともに、よりいっそう教育課程の実施の具体である、子供の学習と教師の指導の改善に機能することを目指したものである。まさしく、授業改善につなぐ学習評価の在り方を求めたものといえる。

　それでは、まず始めに「2　学習評価の充実」の実施に当たって配慮すべき事項について確認したい。その第一は、子供のよい点や進歩の状況などを積極的に評価し、学習したことの意義や価値を実感できるようにすることである。また、各教科等の目標の実現に向けた学習状況を把握する観点からも、単元や題材など内容や時間のまとまりを見通しながら評価の場面や方法を工夫し、学習の過程や成果を評価して指導の改善や学習意欲の向上を図り、資質・能力の育成に生かすようにすることである。第二は、創意工夫の中で学習評価の妥当性や信頼性が高められるように、組織的かつ計画的な取組みを推進するとともに、学年や学校段階を越えて子供の学習の成果が円滑に接続されるように工夫することである。

(2) 新学習指導要領における学習評価の背景

　では次に、新学習指導要領における学習評価の観点について述べたいが、それには以下のような背景から考える必要がある。すなわち、諸外国において様々な「資質・能力」が、これからの時代に求められるとして提言されていることである。それは、育成すべき人材像をめぐって断片化された知識や技能ではなくて、人間の全体的な能力を「コンピテンシー」として定義し、それをもとに目標を設定する動きである。例えば、OECDは「キー・コンピテンシー」という概念を示し、グローバル化等により多様化し相互につながった世界において人生の成功と正常に機能する社会のために必要な能力として定義している。具体的には、「言語や知識また技術を相互作用的に活用する能力」「多様な集団による人間関係形成能力」「自律的に行動する能力」そして、これらの核となる「思慮深く考える力」である。

　さらには、「21世紀型スキル」も定義され評価の在り方も検討されている。これは、各国で21世紀に求められる「資質・能力」を定義し、それを基盤にしたナショナル・カリキュラムを開発する取組みが活発化している表れである。具体的には、「言語や数また情報を扱う基礎的なリテラシー」「思考力や学び方の学びを中心とする認知スキル」「社会や他者との関係やその中での自律に関わる社会スキル」という三つの「資質・能力」の育成が目指されている。とりわけ、認知スキルや社会スキルは「汎用的な能力」、すなわち教科等を横断的に育成する「資質・能力」として重視されていることは特徴的なことである。

　我が国においては、まず平成23年の中央教育審議会答申「今後の学校におけるキャリア教育・職業教育の在り方について」で提言された社会的・職業的自立や社会・職業への円滑な移行のための「基礎的・汎用的能力」がある。具体的には、「人間関係形成・社会形成能力」「自己理解・

自己管理能力」「課題対応能力」「キャリアプランニング能力」である。続いて、平成25年6月14日に閣議決定された第2期教育振興基本計画では「変化の激しい社会にあって、個人の自立と活力ある社会の形成を実現するためには、どのような資質・能力が必要か」が検討され、「一人一人の自立した個人が多様な個性・能力を生かし、他者と協働しながら新たな価値を創造していくことができる柔軟な社会を目指していく」ために、「自立・協働・創造に向けた一人一人の主体的な学び」が掲げられた。具体的には、「社会を生き抜く力」の養成として多様で変化の激しい社会の中で個人の自立と協働を図るための主体的・能動的な力を養成していくこと、そして「未来への飛躍を実現する人材の養成」として、変化や新たな価値を主導・創造し社会の各分野を牽引していく人材を養成していくことなどが示されたのである。

とりわけ、平成24年12月から26年3月17日までの13回にわたり文部科学省「育成すべき資質・能力を踏まえた教育目標・内容と評価の在り方に関する検討会」が開催され、次期学習指導要領の枠組みづくりに向けた議論が為されたことは重要である。その主な提言事項は、今後の学習指導要領の構造を、(1)児童生徒に育成すべき「資質・能力」を明確化した上で、(2)そのために各教科等でどのような教育目標・内容を扱うべきか、(3)また「資質・能力」の育成状況を適切に把握し、指導の改善を図るための学習評価はどうあるべきか、についてである。これは、従来の学習指導要領は子供にどのような「資質・能力」を身に付けさせるのかということよりも、各教科等においてどのような内容を教えるのかを中心とした構造を重視し、そのために学習を通じて「何ができるようになったのか」よりも「知識として何を知ったのか」が重視されてきたからである。

第5章 授業改善につなぐ学習評価の在り方

(3) 新学習指導要領における学習評価の観点

　現在では、各教科等を横断する「汎用的な能力」の育成が意識されているのである。前述したOECDの「キー・コンピテンシー」をはじめ、育成すべき「資質・能力」を明確化したうえで、その育成に必要な教育の在り方を考えることは、アメリカを中心とした「21世紀型スキル」や英国の「キー・スキルと思考スキル」、またオーストラリアの「汎用的能力」などのように世界的に重視される段階に至っている。日本においても以前から「生きる力」の理念が提唱され、その考え方はOECDの「キー・コンピテンシー」とも重なるものである。しかし、「生きる力」を構成する具体的な「資質・能力」の具体化やそれらと各教科等の教育目標・内容の関係についての分析が十分だとは言い難かったのである。

　そして、平成26年4月4日の文部科学省「育成すべき資質・能力を踏まえた教育目標・内容と評価の在り方に関する検討会」での論点整理がある。ここでは、我が国の将来を担う子供が、これからの時代に求められる力を確実に身に付け、それぞれのもつ可能性を最大限に伸ばすために育成すべき「資質・能力」を明確にするとともに、そのための手立てを示したのである。そこでは、教育目標・内容と評価の在り方をより明確にすること、また、教育課程と学習評価を一体的にとらえることが示された。ここに至って、我が国では、教育目標、指導内容、学習評価を一体的にとらえた教育課程の在り方について、「資質・能力」を中核として構造化する方向性が示されたのである。

　さらに、平成26年8月の「論点整理」（中央教育審議会教育課程企画特別部会）では、育成すべき資質・能力については、以下の「三つの柱」で整理されたのである。すなわち、1）個別の知識や技能（何を知っているのか、何ができるのか）、2）思考力・判断力・表現力等（知っていること・できることをどう使うのか）、3）学びに向かう力、人間性

(どのように社会・世界と関わり、よりよい人生を送るのか)という三つである。

　以上のことから、学習評価としては「目標に準拠した評価」の実施が明示されているが、「評価の観点」については以下のようである。すなわち、これまでは「関心・意欲・態度」「思考・判断・表現」「技能」「知識・理解」の4観点であった。しかし、新学習指導要領においては、いわゆる学校教育法第30条第2項で定める「学力の3要素」である「知識・技能」「思考力・判断力・表現力等」「主体的に学習に取り組む態度」と整合性の取れるよう整理し、1）個別の知識や技能（何を知っているのか、何ができるのか）、2）思考力・判断力・表現力等（知っていること・できることをどう使うのか）、3）学びに向かう力、人間性（どのように社会・世界と関わり、よりよい人生を送るのか）という三つの観点で「評価の観点」が示されよう。

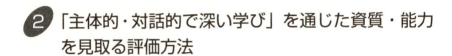 「主体的・対話的で深い学び」を通じた資質・能力を見取る評価方法

(1)　「何が身に付いたか」の学習評価の充実

　平成26年11月20日の中央教育審議会「初等中等教育における教育課程の基準等の在り方について（諮問）」では、「必要な力を子供たちに育むためには、『何を教えるのか』という知識の質や量の改善はもちろんのこと、『どのように学ぶのか』という、学びの質や深まりを重視することが必要であり、課題の発見と解決に向けて主体的・協働的に学ぶ学習（いわゆる「アクティブ・ラーニング」）や、そのための指導の方法等を充実させていく必要があります。こうした学習・指導方法は、知識・

第5章
授業改善につなぐ学習評価の在り方

技能を定着させる上でも、また、子供たちの学習意欲を高める上でも効果的であることが、これまでの実践の成果から指摘されています」と示された。

また、平成28年1月の「学習評価の改善に関する主な論点（案）」（総則・評価特別部会）では、育成すべき資質・能力に基づく教育課程の構造化と学習評価の一体化を進めていくための改善として、教育目標の構造と学習評価の関係（「目標に準拠した評価」のさらなる実質化）、また資質・能力の三つの柱それぞれの性質を踏まえた相応しい評価の在り方等について議論された。

そして、平成28年8月26日に中央教育審議会初等中等教育分科会教育課程部会「次期学習指導要領等に向けたこれまでの審議のまとめ（報告）」では、第1部として学習指導要領等改訂の基本的な方向性が示され、その第1部の「4.学習指導要領等の枠組みの改善と『社会に開かれた教育課程』」で、(1)「社会に開かれた教育課程」の実現、(2)学習指導要領等の改善の方向性（①学習指導要領等の枠組みの見直し、②教育課程を軸に学校教育の改善・充実の好循環を生み出す「カリキュラム・マネジメント」の実現、③「主体的・対話的で深い学び」の実現（「アクティブ・ラーニング」の視点））が示され、「5.何ができるようになるか―育成を目指す資質・能力―」として、(1)育成を目指す資質・能力についての基本的な考え方、(2)全ての教科等や諸課題に関する資質・能力に共通する要素、(3)教科等を学ぶ意義の明確化、(4)教科等を越えた全ての学習の基盤として育まれ活用される資質・能力、(5)現代的な諸課題に対応して求められる資質・能力が示された上で、「6.何を学ぶか」「8.子供一人一人の発達をどのように支援するか」に続いて、「9.何が身に付いたか」として、学習評価の充実が示されたのである。

(2) アクティブ・ラーニングを視点にした授業改善

　これらを踏まえたうえで、新学習指導要領の「第1章　総則」の「第3　教育課程の実施と学習評価」にある、前述した目指すべき「1　主体的・対話的で深い学びの実現に向けた授業改善」について各教科等の指導に当たり配慮すべき事項について見てみよう。

　その第一は、「総則の第1の3」に示される「(1)知識及び技能が習得されるようにすること。(2)思考力、判断力、表現力等を育成すること。(3)学びに向かう力、人間性等を涵養すること」が偏りなく実現されるようにすることである。そのためにも単元や題材などの内容や時間のまとまりを見通しながら、子供の主体的・対話的で深い学びの実現に向けた授業改善を行うことである。

　特に各教科等においては、身に付けた知識及び技能を「活用」したり、思考力、判断力、表現力等、学びに向かう力、人間性等を「発揮」させたりして学習対象となる物事をとらえて思考することにより、「見方・考え方」といわれる各教科等の特質に応じた物事をとらえる視点や考え方が鍛えられていくことに留意することが必要である。また、子供が各教科等の特質に応じた見方・考え方を働かせながら、知識を相互に関連付けてより深く理解したり、情報を精査して考えを形成したり、問題を見いだして解決策を考えたり、思いや考えを基に創造したりすることに向かう過程を重視した学習の充実を図ることが重要である。

　第二は、「総則の第2の2」の「教科等横断的な視点に立った資質・能力の育成」の(1)に示された言語能力の育成を図るために、各学校において必要な言語環境を整えるとともに、国語科を要としつつ各教科等の特質に応じて、子供の言語活動を充実すること、あわせて読書活動を充実することである。

　第三は、これも「総則の第2の2」の「教科等横断的な視点に立った

第5章
授業改善につなぐ学習評価の在り方

資質・能力の育成」の(1)に示された、情報活用能力の育成を図るために、各学校においてコンピュータや情報通信ネットワークなどの情報手段を活用するために必要な環境を整え、これらを適切に活用した学習活動の充実を図ることである。また、各種の統計資料や新聞、視聴覚教材や教育機器などの教材・教具の適切な活用を図ることである。とりわけ、ここでは各教科等の特質に応じて、子供がコンピュータで文字を入力するなどの学習の基盤として必要となる情報手段の基本的な操作を習得するための学習活動と、子供がプログラミングを体験しながらコンピュータに意図した処理を行わせるために必要な論理的思考力を身に付けるための学習活動を計画的に実施することが肝要である。

　その他にも、第四は、子供が学習の見通しを立てたり学習したことを振り返ったりする活動を計画的に取り入れるように工夫することである。第五は、子供が生命の有限性や自然の大切さ、主体的に挑戦してみることや多様な他者と協働することの重要性などを実感しながら理解することができるように、各教科等の特質に応じた体験活動を重視し、家庭や地域社会と連携しつつ体系的・継続的に実施できるよう工夫することである。第六は、子供が自ら学習課題や学習活動を選択する機会を設けるなどして、児童生徒の興味・関心を生かした自主的、自発的な学習がうながされるよう工夫することである。第七は、第一でも述べた読書活動の充実であり、学校図書館を計画的に利用してその機能の活用を図り、子供の主体的・対話的で深い学びの実現に向けた授業改善に生かすとともに、子供の自主的、自発的な学習活動や読書活動を充実することである。また、地域の図書館や博物館、美術館、劇場、音楽堂等の施設の活用を積極的に図って、資料を活用した情報の収集や鑑賞等の学習活動を充実することも肝要である。

　以上、学習評価の機能化によって目指す授業改善で配慮すべき事項について述べてきた。それは、端的には「主体的・対話的で深い学び」を

実現する授業へと改善することであり、それによって「(1)知識及び技能が習得されるようにすること。(2)思考力、判断力、表現力等を育成すること。(3)学びに向かう力、人間性等を涵養すること」という資質・能力を、偏りなく育成することが実現される教育活動の充実を図ることである。

(3) 資質・能力の育成を目指した「目標に準拠した評価」の実質化

　新学習指導要領においては、すべての教科等において教育目標や内容が「資質・能力」の三つの柱に基づき再整理され、「資質・能力」の育成を目指して「目標に準拠した評価」を実質化するための取組みが求められる。したがって、これまでの「目標に準拠した評価」を更に進めていくためには、こうした教育目標や評価の再整理を踏まえることが重要であることは論を俟たない。換言すれば、新学習指導要領では、「目標に準拠した評価」の実質化や、教科・校種を越えた共通理解に基づく組織的な取組みをうながす観点から、「知識・技能」「思考・判断・表現」「学びに向かう力・人間性等」の３観点に整理された学習評価の実質化を図ることである。

　なお、前回の学習指導要領改訂を受けて作成された「学習評価の工夫改善に関する参考資料」においては、今回も詳細な基準ではなく、資質・能力を基に再整理された学習指導要領を手掛かりに教員が評価規準を作成し見取っていくために必要な手順を示すものとなろう。今回も、この「学習評価の工夫改善に関する参考資料」の中で、各教科等における学びの過程と評価の場面との関係性を明確にできる工夫や、複数の観点を一体的に見取ることも考えられることなどが示されれば、具体的な資質・能力を教員が評価することもできるのである。また、「主体的に

学習に取り組む態度」と資質・能力の柱である「学びに向かう力・人間性」の関係については、「学びに向かう力・人間性」には「主体的に学習に取り組む態度」として学習状況を分析的にとらえる観点別評価を通じて見取ることができる部分と、観点別評価や評定にはなじまずにこうした評価では示しきれないことから、個人のよい点や可能性また進歩の状況について評価する個人内評価を通じて見取る部分があることには留意が必要である。

　そもそも「主体的に学習に取り組む態度」については、学習前の診断的評価のみで判断したり、挙手の回数やノートの取り方などの形式的な活動を評価したりして為されるものではない。現在でも「関心・意欲・態度」の観点については、挙手の回数やノートの取り方など、性格や行動面の傾向が一時的に表出された場面をとらえる評価であるような誤解が払拭し切れていないのではないかという問題点が指摘されているところである。だからこそ、「関心・意欲・態度」から「主体的に学習に取り組む態度」になったことを契機に、各教科等の単元や題材を通じたまとまりの中で、子供が学習の「見通し」をもって学習に取り組み、その学習を「振り返る」場面を適切に設定することが必要である。

　そして、なによりも子供たち自らが学習の目標をもち、進め方を見直しながら学習を進め、その過程を評価し新たな学習につなげる、といった学習に関する自己調整を行い、粘り強く知識・技能を獲得したり、思考・判断・表現しようとしたりしているかどうかという意思的な側面をとらえて評価することが重要である。また、このような子供の姿を見取り評価するためには、子供たちが主体的に学習に取り組む場面を如何に設定するかが重要であり、いわゆる「アクティブ・ラーニング」の視点からの学習・指導方法の改善が必要である。

　さらに、そのためには、学校全体で評価のための体制づくりをし、組織的に評価の改善に取り組むことも肝要である。具体的には、今後の学

習状況の把握方法は標準化されたペーパーテスト以外に広げ、質的な評価をさらに充実させることである。すなわち、「ポートフォリオ評価」や「パフォーマンス評価」などの質的な評価方法の充実である。

(4) ポートフォリオ評価・パフォーマンス評価・ルーブリック

　ようやく、我が国においても、「評価規準」や「ポートフォリオ評価」「パフォーマンス評価」などの評価方法が研究・実践されてきているが、いっそうの充実が求められる。

　「ポートフォリオ評価」は、子供の学習の過程や成果などの記録や作品を計画的にファイル等に集積し、そのファイル等を活用して子供の学習状況を把握するとともに、子供や保護者等に対しその成長の過程や到達点、今後の課題等を示すものである。ポートフォリオづくりに当たっては、例えば、集積した資料を定期的に編集したり、ポートフォリオを使いながら話し合う検討会を行ったりするなど、関係者間の評価をすり合わせたりすることが重要である。それにより、学習者が自らの学習の在り方について自己評価するとともに、教員も学習者の学習活動と自らの教育活動を評価することができるのである。

　また、子供の学習状況の質を評価するためには、序列付けや統計的な得点分布を重視する評価ではなく、具体的に子供は何ができるのかを明らかにする記述や作品、実技等によるパフォーマンス評価が重要である。一般に、「パフォーマンス評価」とは、知識やスキルを使いこなす（活用・応用・統合する）ことを求めるような評価方法（問題や課題）であり、様々な学習活動の部分的な評価や実技の評価をするという単純なものから、レポートの作成や口頭発表等により評価するという複雑なものまでを含んでいる。また、筆記と実演を組み合わせたプロジェクトを通じて評価を行う場合もある。ここでは、論説文やレポート、展示物

第5章
授業改善につなぐ学習評価の在り方

といった完成作品（プロダクト）や、スピーチやプレゼンテーション、協同での問題解決、実験といった実演（狭義のパフォーマンス）を評価するものもある。

　より実効性のあるパフォーマンス評価は、実際的な場面設定により近いリアルで本質的な学習課題による評価をすることである。また、これを評価するためには、学習目標との関係において求められる達成事項の質的な内容を文章表現したルーブリック（rubric、評価指標）も必要である。これは、子供の学習の実現状況の度合いを示す数段階の尺度と、それぞれの尺度に見られる学習の質的な特徴を示した記述語や学習作品から構成されるものである。具体的なパフォーマンス評価は、当該の知識や技能の活用を図るリアルで本質的な課題に対して、人文科学的には記録・レポート・解説文・論文等、社会科学的にはアンケート・参与観察等、自然科学的には観察記録・実験記録・測定記録等、身体科学的にはダンス・演劇等、芸術的には絵画・演奏・彫刻等を行うことである。これらにより、実際の運用場面により近い設定によって評価を具体的に実施することである。なお、これらは筆記と実演とを組み合わせたプロジェクトを通じて評価を行うことも可能である。

　その際、パフォーマンス評価の指針としてルーブリックを採用することが肝要である。ただ、評価指標は、現実の評価場面における実用性と、評価としての信頼性の獲得が大きな課題である。その信頼性を高めるための手立てとしては、評価と指導の一連の過程にルーブリックの改善・修正を位置付け、子供の実態をルーブリックに反映させていくことが重要である。また、信頼性を高めるためには、学習の実質的な特徴を見抜き、それを記述することが重要であることから、確かな鑑識眼が教師に求められる。なお、ルーブリックは可変的なものであり、指導と評価の一体化を図るものとして位置付けていくことが肝要である。

(5) 教師の評価力を高めるモデレーション研修

　教師の評価に関する力である鑑識眼を高める研修方法として、モデレーション研修がある。実効性のある評価として機能する信頼性を有する評価指標は、規準や基準をさらに言葉によって精緻化を図るのではなく、子供の具体的な記述や作品、実技等を示しながら、規準や基準を生かした指導改善に結び付くような教師間での「語り合い」を繰り返すことである。これは、各教師間における同じ観点における評価の規準や基準の意味把握と、それを生かした見取りのズレを縮小するとともに、個々の教師の見取りのブレをも軽減するものである。

　この各教師間での合議によるモデレーション（moderation、評価調整）は、現在的な評価活動の問題として示される、同一地域・学校での個々の教師による評価の一貫性を確保するための方法でもある。モデレーション研修により、評価者である教師相互の評価者間での討議方法、評価の規準や基準の共通理解、評価事例の提供と検討、評価活動の具体的調査、評価結果の承認等による妥当性が担保される。また、このモデレーション研修によって、各教師は評価者として子供の具体的な記述や作品、実技等の評価資料を基に評価の規準や基準について、確実にイメージがもてるようになる。さらに、各教師間では評価の規準や基準の具体について共通理解が図れ、言葉の操作のみに陥らない実効性のあるルーブリックによる質的評価が実行できるのである。

第5章
授業改善につなぐ学習評価の在り方

 カリキュラム・マネジメントの視点からの
これからの評価活動の活かし方

(1) カリキュラム・マネジメントに活きる学習評価

　そもそも学習指導要領とは、一般にスコープとシークエンスによるカリキュラム編成としていわれる、「何を学ぶか」という教育内容を各学年・学校段階や各教科等に位置付けるという教育課程について示すものである。しかし今次改訂では、そのことのみならず、今後の社会変化を見据え、子供たちが「何ができるようになるか」という育成を目指す「資質・能力」と、「どのように学ぶか」という「主体的・対話的で深い学び」、そして、「何が身に付いたか」という「学習評価の充実」までをも示しているのである。これは、教育における内容ばかりではなく、方法と資質・能力に加えて評価という、目標・内容・方法・評価のすべてについて示したものであり、評価という結果にまで責任をもって言及しているという点においては、これまでにない新学習指導要領の特質である。
　さて学習評価は、第一に各学校の教育活動に関して子供たちの学習状況を評価するものである。したがって、「子供たちにどういった力が身に付いたか」という学習成果を的確にとらえることがまずは重要である。ただ、この第一の子供たちの学習状況を評価するためには、教員は個々の授業のねらいをどこまでどのように達成したかだけではなく、子供たち一人一人が前の学びからどのように成長しているかはもちろんであるが、新学習指導要領ではとりわけ、より深い学びに向かっているのかをとらえる評価が必要視される。また第二に、教員自身が自分の指導の改善を図るためにも必要である。さらに第三に、子供たち自身が自らの学

81

びを振り返り、次の学びに向かうことができるようにするためにも極めて重要である。そして、学習評価を教育課程や学習・指導方法の改善と一貫性をもたせた形で、カリキュラム・マネジメントとして進めることが肝要である。

　すなわち、学習評価は子供の学びの評価にとどまらず、新学習指導要領ではとりわけ「カリキュラム・マネジメント」の中で教育課程や学習・指導方法の評価と結び付けて、子供たちの学びに関わる学習評価の改善を常に教育課程や学習・指導の改善に発展・展開させ、授業改善及び組織運営の改善に向けた学校教育全体のサイクルに位置付けていくことが必要なのである。

(2)　教師と対話して自己評価能力を育む

　これまでに述べたような、「資質・能力」をバランスを取って学習評価するためには、カリキュラム・マネジメントを図る中で、ペーパーテストの結果にとどまらずに、子供たちの論述やレポートの作成、発表、グループでの話合い、作品の制作等といった多様な活動に取り組ませるパフォーマンス評価などの多面的・多角的な評価を実施することが必要である。さらには、総括的な評価のみならず、一人一人の学びの多様性に応じて学習の過程における形成的な評価を行い、子供たちの資質・能力がどのように伸びているかを、例えば日々の記録やポートフォリオなどを通じて子供たち自身が把握できるようにしていくことも必要である。ここでのポートフォリオでは、子供一人一人が自らの学習状況やキャリア形成を見通したり振り返ったりできるようにすることが重要である。そのため、子供たちが自己評価を行うことを教科等の特質に応じて学習活動の一つとして位置付けることが適当である。

　前述した「審議のまとめ（報告）」では、例えば、特別活動（学級活

動・ホームルーム活動）を軸とした「キャリア・パスポート」などを活用し、子供たちが自己評価を行うことを位置付けることなどが考えられるとしている。ただし、その際には教員が対話的に関わることで自己評価に関する学習活動を深めていくことが重要であるとして、アメリカでのイブニング・ポートフォリオという子供等と教員とのカンファレンスに似たような指摘もなされている。

　こうした評価方法は、教員にとっては子供たちが行っている学習にどのような価値があるのかということを認識できる機会となる。また、子供にとっては、その学習が自分にとって如何なる意味があるのかを気付かせてくれる機会となることが重要である。そのためにも、教員が学習評価の質を高めることができる環境づくりが必要であり、教員一人一人が子供たちの学習の質をとらえることのできる鑑識眼を培っていくことができるよう、評価に関する研修の充実を図っていくことが重要である。

【引用・参考文献】
1) 佐藤真「『子どもの学びの促進』に結びつく教育評価の在り方―学習評価・授業評価・カリキュラム評価の連関性―」文部科学省編『初等教育資料・8月号』東洋館出版社、2003年、pp. 74-77
2) 佐藤真「資質・能力の明確化で変わる学習指導」文部科学省編『初等教育資料・9月号』東洋館出版社、2006年、pp. 2-7
3) 佐藤真「キー・コンピテンシー」『教育課題解説ハンドブック』ぎょうせい、2015年、pp. 1166-1169
4) 佐藤真「資質・能力をみとる評価活動のあり方」『新教育課程ライブラリVol. 3　子どもの姿が見える評価の手法』ぎょうせい、2016年、pp. 22-25
5) 佐藤真「探究的な見方・考え方を働かせ、自己の生き方を考える総合的な学習の時間」『新教育課程ライブラリVol. 12　見えてきた新学習指導要領』ぎょうせい、2016年、pp. 64-65
6) 佐藤真「次期教育課程で学習評価はどう変わるか」『学校の評価・自己点検マニュアル』ぎょうせい、2016年、pp. 3391-3397
7) 佐藤真「3.2) 資質・能力を育成するために求められる力」「13. 総合的な学習

の時間」無藤隆＋『新教育課程ライブラリ』編集部編『中教審答申解説2017―「社会に開かれた教育課程」で育む資質・能力―』ぎょうせい、2017年、pp. 34-37、pp. 212-214

第6章
次代を創る資質・能力の育成と道徳教育・道徳科

武蔵野大学教授
貝塚茂樹

道徳科設置の意義と道徳教育の「質的転換」

(1) 道徳科設置の歴史的意義

　2015年3月27日、学校教育法施行規則の一部を改正する省令及び学習指導要領の一部改正が告示され、学校教育法施行規則の中の「道徳」は「特別の教科である道徳」（以下、道徳科と略）と改められた。これによって、小学校は2018年度、中学校では2019年度から道徳科が完全実施される。道徳科の設置は、1958年の「道徳の時間」が設置されて以降の歴史においても大きな転換点となる。

　道徳の教科化は、2013年2月の教育再生実行会議の「いじめの問題等への対応について（第一次提言）」が直接の契機であった。ただし、1945年8月の敗戦以降、教育課程の中に道徳教育を担う教科を設置することの是非は常に議論の底流にあった。1958年設置の「道徳の時間」が、当初は道徳教科の設置を目指したものであったことからもわかるように、道徳の教科化は戦後教育の一貫した課題であった。

　戦後教育史の観点からいえば、道徳科の設置は、道徳授業の「形骸化」を克服する意味と同時に、戦後社会で顕著となった「道徳教育アレルギー」の払拭を目指したものであったといえる。一般に、戦後教育では戦前の教育に対する拒否感のみが強調される傾向が強く、とりわけ道徳教育は政治的なイデオロギー対立の争点とされることが一般的であった。道徳教育は常に「政治問題」として議論される傾向が強く、教育論として論じられることは少なかったといえる。そのため、道徳教育の理論研究は立ち遅れ、それがまた道徳授業の「形骸化」をもたらすという悪循環となっていった。

第6章
次代を創る資質・能力の育成と道徳教育・道徳科

　道徳の教科化をめぐる議論においては、「道徳教育の目指す理念が関係者に共有されていない」「教員の指導力が十分でなく、道徳の時間に何を学んだかが印象に残るものになっていない」「他教科に比べて軽んじられ、実際には他の教科に振り替えられていることもある」などと指摘されてきたが、それはこうした道徳教育をめぐる状況と決して無関係ではない。

　いうまでもなく道徳教育は、人間教育の普遍的で中核的な要素であるとともに、その充実は今後の時代を生き抜く力を一人一人に育成するうえでの重要な課題である。しかし、道徳教育についての理論と実践が十分に機能していない状況は、学校教育が児童生徒の道徳性を育成するという責任と役割を果たしていないことを意味している。同時にそれは、「人格の完成」を目標に掲げた教育基本法や学習指導要領の趣旨からも逸脱していたことになる。

　道徳の教科化は、道徳教育を「政治問題」の枠組みから遠ざけ、道徳教育を教育論として論じるために必要な制度的な措置であったといえる。道徳科の設置によって、児童生徒の道徳性に正面から向き合う状況が生まれ、それは必然的に政治的なイデオロギーの入り込む余地を格段に減少させるからである。道徳科の設置は、道徳教育に対する「賛成か、反対か」の政治的な議論を後退させ、教科書、指導法、評価の在り方といった具体的な内容へと関心を向けることを求めることになる。

(2) 「考え、議論する道徳」への「質的転換」

　学習指導要領の一部改正によって、道徳教育においては、資質・能力の明確化と「主体的・対話的で深い学び」の観点からの授業改善を先取りして実施している。

　2016年12月の中央教育審議会答申では、すべての教科等について、①

何を理解しているか、何ができるか（生きて働く「知識・技能」の習得）、②理解していること、できることをどう使うか（未知の状況にも対応できる「思考・判断力・表現力等」の育成）、③どのように社会・世界と関わり、よりよい人生を送るか（学びを人生や社会に生かそうとする「学びに向かう力・人間性等」の涵養）、の三つの柱に基づいて育成すべき資質・能力を明確にし、そのために必要な指導方法の工夫・改善を図っていくことを求めた。

　道徳教育を通じて育む資質・能力とは、「自己の生き方を考え、主体的な判断の下に行動し、自立した人間として他者と共によりよく生きるための基盤となる道徳性」（学習指導要領第1章総則）、道徳性を構成する諸様相である「道徳的な判断力、心情、実践意欲と態度」（学習指導要領第3章「特別の教科　道徳」）といえる。

　また、2014年10月の中央教育審議会答申「道徳に係る教育課程の改善等について」は、これからの時代を生きる児童生徒には、様々な価値観や言語、文化を背景とする人々と相互に尊重し合いながら生きていくことがこれまで以上に求められるとした。そして、その際に必要となるのは、将来の社会を構成する主体となる児童生徒が高い倫理観をもちながら、「人としての生き方や社会の在り方について、多様な価値観の存在を認識しつつ、自ら感じ、考え、他者と対話し協働しながら、よりよい方向を目指す資質・能力を備えること」が重要であるとした。

　そのうえで、道徳教育については、「特定の価値観を押し付けたり、主体性をもたず言われるままに行動するよう指導したりすることは、道徳教育が目指す方向の対極にある」と指摘しながら、「多様な価値観の、時に対立がある場合を含めて、誠実にそれらの価値に向き合い、道徳としての問題を考え続ける姿勢こそ道徳教育で養うべき基本的資質である」とした。そして、こうした資質・能力を育成するためには、一人一人の児童生徒に自分ならどのように行動・実践するかを考えさせ、自分

第6章
次代を創る資質・能力の育成と道徳教育・道徳科

とは異なる意見と向かい合い議論する中で、道徳的価値について多面的・多角的に学び、実践へと結び付ける指導が必要となると提言した。

　また答申は特に道徳科においては、答えが一つではない課題に対して児童生徒が道徳的に向き合う「考え、議論する道徳」へと「質的転換」することを求めた。端的にそれは、従来のように読み物の登場人物の心情を読み取ることに重点が置かれた授業や、児童生徒に望ましいと思われるわかりきったことを言わせたり書かせたりする授業からの脱却を明確に求めるものであった。言い換えれば、「考え、議論する道徳」とは、道徳科において「主体的・対話的で深い学び」を実践する授業改善の視点であるといえる。

(3)　道徳的諸価値の「自覚」と「考え、議論する道徳」

　いうまでもなく道徳教育が目指すものは、「道徳的諸価値の自覚」である。ただし、ここでいう「自覚」とは、単純に物事を知識として「知る」ことではなく「わかる」あるいは「腑に落ちる」という感覚に近い。

　例えばこのことは、いじめを例にすればわかりやすい。「いじめは悪い」ということはほとんどの児童生徒が頭では知っている。しかし、いじめが一向に減らないのは「いじめは悪い」ということの意味が、自分の問題として「腑に落ちていない」、つまりは「自覚」されていないためである。

　一般に「自覚」とは、自分自身の在り方を反省し、自分が何者であるかを明瞭に意識化することである。ソクラテスの「汝自身を知れ」という言葉を引くまでもなく、「自覚」とは、哲学にとっての出発点であると同時に目標でもあり、それは自己認識や自己反省とも重なる。

　もっとも、「自覚」するということは決して簡単なことではない。その難しさの根拠は、自分が自分自身を意識化することにある。そのため

には、認識する自分と認識される自分を区別しなければならないが、両者は同時に同じ自分でもあるというパラドックスを抱え込んでいる。

　このパラドックスの中で、私たちが道徳的諸価値を「自覚」するために何が必要か。評論家の小林秀雄は、「自覚」するためには「考える」ことが不可欠と述べる。小林によれば、「考えるということは、自分が身を以て相手と交わるということ」であり、「対象と私とが、ある親密な関係へ入り込むということ」を意味している。つまり、「考える」ことそれ自体が「他者」とつながることであり、自分と「他者」の関係性を欠いては「自覚」へ至ることはないということである（小林秀雄「信じることと知ること」『学生との対話』新潮社、2014年）。

　また、「考える」という行為は、「他者」とよく話し合うことでもあり、本来的には対話的なものである。様々な「他者」との対話を繰り返す経験は、自分の考えを確認し、よりよい視点を発見するために不可欠のものである。もちろんこの「他者」には、「自己」も含まれる。「自己をみつめる」「自分が自分に自分を問う」という意味の内省や「自己内対話」は、「もう一人の自分」との出会いであり対話である。

　つまり道徳的諸価値を「自覚」するとは、考えることを通じて、「自己」を含めた「他者」と対話し、議論することによる「腑に落ちる」という経験といえる。その意味では、「知る」から「自覚」へとつなぐための方法と過程（プロセス）が「考え、議論する道徳」であるということができる。確かに、「考え、議論する道徳」は、道徳教育の「質的転換」を象徴するものである。しかしそれは、決して新しい概念を提示したものではなく、道徳教育の学びの本質を表現したといえる。

第6章
次代を創る資質・能力の育成と道徳教育・道徳科

 道徳教育・道徳科における資質・能力の育成

(1) 教育課程における道徳教育・道徳科の役割

　道徳科の設置は、教育課程における道徳教育の位置付けを基本的に変更するものではない。学習指導要領では、道徳教育の目標について、「学校における道徳教育は、特別の教科である道徳（以下、「道徳科」という）を要として学校の教育活動全体を通じて行うものであり、道徳科はもとより、各教科、（外国語活動、）総合的な学習の時間及び特別活動のそれぞれの特質に応じて、（児童）生徒の発達の段階を考慮して、適切な指導を行わなければならない。」〔（　）は小学校〕と規定されている。また、学校における道徳教育は、人間として（自己）の生き方を考え、主体的な判断の下に行動し、自立した人間として他者と共に、よりよく生きるための基盤となる道徳性を育成することが目標とされている。

　道徳科が学校の教育活動全体において行う道徳教育の「要」の役割を果たすこともこれまでと同じである。これは、道徳科だけでなく、各教科、特別活動、総合的な学習の時間においても道徳教育を行うことを意味している。

　例えば、国語科で表現力と理解力を育成し、互いの立場や考えを尊重しながら言葉を伝える力を高めることは道徳性の基盤となり、思考力や想像力を養い、言語感覚を豊かにすることは、道徳的心情や道徳的判断力を養う基本となる。また、外国語を通じて外国の言語や文化に対する理解を深めることは、世界の中の日本人としての自覚をもち、国際的視野に立って、世界の平和と人類の幸福に貢献することにもつながる。

　つまり、学校でのすべての教科・領域の学びが、道徳教育という観点

から相互に関わり合いをもつと同時に、それらの学びが道徳科の学びと密接に結び付くことで、児童生徒の道徳性の育成が豊かに育成されることになる。道徳科において道徳的諸価値を学ぶことは、各教科・領域での学びを補い深めると共に、相互の関連を発展させ、統合する役割を果たすものとなる。その意味で道徳科は、学校における道徳教育の文字通り「扇の要」としての役割を果たすことになる。

(2) 「考え、議論する道徳」と学校づくり・学力

　「考え、議論する道徳」への「質的転換」は、主に道徳授業の指導法の問題としてとらえられがちである。しかし、「考え、議論する道徳」の授業が成立するためには、豊かな学校づくりと学級経営の視点が基盤となる必要がある。なぜなら、そもそも児童生徒が自らの発言を教師や仲間も受け止めてくれるという信頼と安心感がなければ、「考え、議論する道徳」の授業は成立しないからである。

　また、道徳教育は学力の問題とも決して無関係ではない。明治の近代教育の発足以降、道徳教育は教科である修身科で行われてきたという歴史的経緯もあり、日本では道徳教育と各教科での学びを別々のものとしてとらえる傾向が強かったといえる。

　しかし、児童生徒の各教科の学びと道徳教育は不可分の構造である。例えば、道徳の内容項目には、「自分でやろうと決めた目標に向かって、強い意志をもち、粘り強くやり抜くこと」「友達と互いに理解し、信頼し、助け合うこと」（小学校）、「自分の考えや意見を相手に伝えるとともに、それぞれの個性や立場を尊重し、いろいろなものの見方や考え方があることを理解し、寛容の心をもって謙虚に他に学び、自らを高めていくこと」（中学校）などが掲げられている。

　道徳科において、例えば「節度・節制」「向上心」「克己と強い意志」

「友情・信頼」などの内容項目についての道徳的価値の学びが、各教科等での学びの基盤になれば、学力の向上にもつながると考えるのはむしろ自然である。そしてそれは、カリキュラム・マネジメントの視点とも密接な関連性をもつことになる。

カリキュラム・マネジメントと道徳教育・道徳科

(1) 各教科等をつなぐカリキュラム・マネジメント

2016年12月の中央教育審議会答申は、これからの教育課程において各教科等を学ぶ意義を大切にしつつ、教科の枠を超えた視点をもち、教育課程全体で児童生徒にどのような資質・能力を育成するかを明確に共有することを求めた。また、教科横断的な視点で教育内容を組み立て、地域等の資源も活用しながら実施・改善していくことが重要であるとしてカリキュラム・マネジメントの視点の重要性を指摘した。

この点は道徳教育においても同様である。道徳教育が効果的に機能するためには、その基本方針や指導内容を共有しながら教育内容を組み立て、地域等と連携しながら実施・改善していくことが求められる。道徳教育の全体計画に基づいて、学校教育全体で道徳教育を展開していくためには、「要」としての道徳科の学びが各教科、総合的な学習の時間、特別活動等での学びと有機的につながることが必要不可欠である。道徳科での学びが充実することで、各教科等における人間性の基盤が形成され、各教科等で育成された道徳性がさらに道徳科の学びによって相互補完的に強化されるという循環を整えることが求められる。

(2) カリキュラム・マネジメントと「深い学び」

　道徳科は従来の「道徳の時間」と同じく週一単位時間である。したがって、道徳科での学びを深めるためには、どうしてもカリキュラム・マネジメントの視点が必要となる。

　「主体的・対話的で深い学び」のうち、「主体的な学び」と「対話的な学び」についてはイメージがつかみやすい。その一方で、「深い学び」については、比較的その趣旨がわかりにくいという指摘がある。「深い学び」について中央教育審議会答申は、「習得・活用・探究という学びの過程の中で、各教科等の特質に応じた見方・考え方を働かせながら、知識を相互に関連付けてより深く理解したり、情報を精査して考えを形成したり、問題を見いだして解決策を考えたり、思いや考えを基に創造したりすることに向かう」学びであるとしている。

　例えば、中学生の道徳教材「六千人の命のビザ」は、第二次世界大戦中にユダヤ人にビザを発行して数多くの命を救った外交官、杉原千畝の話である。この教材については、ビザを発行した杉原の心情を辿るだけでなく、一般には「あなたが杉原の立場だったら、ビザにサインをしますか？」「あなたならどう考え、行動しますか？」という発問が用意され、実践されている。

　こうした発問は、道徳的課題を自分事として考えるという問題解決的な問いとして重要である。しかし、生徒がさらに「深い学び」をするためには、その前提として、①当時の国際状況、②なぜ、ユダヤ人がビザの発行を求めて日本領事館に来るのか、③国家公務員である外交官が、外務省の訓令に反してビザを発行することはどのような意味をもっているのか、などの社会科的な学びが必要となる。こうした学びが基盤となることで、生徒が道徳的判断をするために、より広い視野から多面的・多角的に考える材料が提示され、「深い学び」が可能となる。言い換え

第6章
次代を創る資質・能力の育成と道徳教育・道徳科

れば、道徳科が週一単位時間という制約の中では、道徳科の学びと各教科、特別活動、総合的な学習等での学びが有機的に結び付き、相互補完的に構造化されなければ、「深い学び」を達成することは困難である。

 「考え、議論する道徳」の授業づくり

(1) 道徳科の目標と指導法

　学校においては、計画、実践、評価という一連の活動が繰り返されながら、児童生徒のよりよい成長を目指した指導が展開される。すなわち、指導と評価とは別物ではなく、評価の結果によって指導法を改善し、その新しい指導の成果を再度評価することで更なる指導に生かす「指導と評価の一体化」が求められる。

　2016年の中央教育審議会の専門家会議による「専門家会議報告」及び中央教育審議会答申は、「道徳科における質の高い多様な指導法」の例として、①教材の登場人物の判断や心情を自分との関わりで多面的・多角的に考えることなどを通して、道徳的諸価値の理解を深める「読み物教材の登場人物への自我関与が中心の学習」、②道徳的な問題を多面的・多角的に考え、児童生徒が生きるうえで出会う様々な問題や課題を主体的に解決するために必要な資質・能力を養う「問題解決的な学習」、③役割演技などの疑似的な表現活動を通して、道徳的理解を深め、様々な課題や問題を主体的に解決するために必要な資質・能力を養う「道徳的行為に関する体験的な学習」の3つを例示した。

　①「読み物教材の登場人物への自我関与が中心の学習」は、教材を読んで登場人物の判断や心情を類推することを通して、道徳的諸価値を自分との関わりで考える学習である。具体的には、「どうして主人公は○

○という行動を取ることができたのだろう」「自分だったら主人公のように考え、行動することができるだろうか」というような発問が想定される。

②「問題解決学習」は、グループなどでの話し合いを通して、道徳的な問題状況の分析や、よりよい解決策の構想などを検討する学習である。ここでは、「なぜ、■■（道徳的価値）は大切なのでしょう」「同じ場面に出会ったら自分ならどう行動するでしょう」「よりよい解決方法にはどのようなものが考えられるでしょう」などの発問例が考えられる。

③「道徳的行為に関する体験的な学習」では、ペアやグループをつくり、実際の問題場面を役割演技で再現し、登場人物の葛藤などを理解することや、多面的・多角的な視点から問題場面や取り得る行動を再現することを通して、道徳的価値の意味やそれを実現することの大切さを考えることが期待される。

以上の３つの指導方法が「質の高い多様な指導方法」とされたのは、それぞれの指導方法が「主体的・対話的で深い学び」を実現するための視点を含んでいるためである。そのため、前述の「専門家会議報告」及び中央教育審議会答申は、「登場人物の心情理解のみの指導」や「主題やねらいの設定が不十分な単なる生活経験の話合い」に終始する授業は「考え、議論する道徳」として適切ではないと指摘した。

ただし、ここで重要なのは、この３つは「質の高い多様な指導方法」の一例であり、「道徳科を指導する教員が学習指導要領の改訂の趣旨をしっかり把握した上で、学校の実態、児童生徒の実態を踏まえ、授業の主題やねらいに応じた適切な指導方法を選択すること」を求めたことである。また、３つの「質の高い多様な指導方法」のそれぞれが、独立した指導の「型」を示したものではなく、「それぞれに様々な展開が考えられ、例えば読み物教材を活用しつつ問題解決的な学習を取り入れるなど、それぞれの要素を組み合わせた指導を行うことも考えられる」と提

言したことも重要である。道徳授業の指導方法を固定的にとらえるのではなく、「主体的・対話的で深い学び」の視点で道徳科の学びをより充実させることが求められる。

いうまでもなく、道徳科の授業で最も重要な役割を担うのは教師である。したがって「主体的・対話的で深い学び」の視点を取り入れた道徳科の授業を実践するためには、何よりも教師自身が「主体的・能動的な学習者」（アクティブ・ラーナー）となることが必要となる。

(2) 道徳科の評価

道徳の評価は、子供自身が自らの道徳性を養う意欲を引き出すためのものであると同時に、教師による子供理解と指導の見直しを図るためにも必要不可欠である。「指導と評価の一体化」を図ることは、授業の改善のためにも必要であり、「考え、議論する道徳」への「質的転換」のための基盤となる。

一方で、道徳科の実施において、「子供の内面を評価できるのか」「心は評価できない」という批判がある。しかし、道徳科における評価は、子供の内面や道徳性を直接の対象とするわけではなく、また内容項目の理解のみを評価するわけでもない。2016年の中央教育審議会答申は、「個々の授業のねらいをどこまでどのように達成したかではなく、子供たち一人一人が、前の学びからどのように成長しているか、より深い学びに向かっていくかどうかを捉えていくことが必要である」としている。つまり、道徳科で評価するのは、「学習活動の状況及び道徳性に係る成長の様子」である。言い換えれば、学習の「成果」ではなく、「学習状況」を評価するのが道徳科の評価である。

道徳科において、「指導と評価の一体化」を実現するためには、道徳科の目標が重要となる。道徳科の目標は、「よりよく生きるための基盤

となる道徳性を養うため、道徳的諸価値についての理解を基に、自己を見つめ、物事を（広い視野から）多面的・多角的に考え、自己の（人間としての）生き方についての考えを深める学習を通して、道徳的な判断力、心情、実践意欲と態度を育てる。」〔（　）は中学校〕とされている。

　学校教育全体で行う道徳教育とその要となる道徳科の目標の構造を図にしたのが図1である。

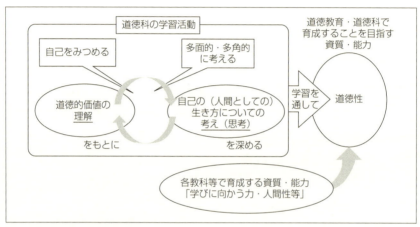

図1　道徳科の学習活動と評価
（出典）西野真由美・鈴木明雄・貝塚茂樹編『「考え、議論する道徳」の指導法と評価』教育出版、2016年

　道徳科の評価は、道徳科の目標に基づいて考えることが必要である。特に、道徳的諸価値に対する理解を基に、「道徳的価値を自分自身との関わりの中で深めようとしているか」と「（広い視野から）多面的・多角的な見方へと発展しているか」という観点に注目して、子供の学びの姿とその成長を記述することを基軸としている。

(3) 道徳科評価の具体例

「専門家会議報告」は、道徳科の評価について主に次のような方向を示した。

---

① 学習活動における児童生徒の具体的な取組状況を、一定のまとまりの中で、児童生徒が学習の見通しを立てたり学習したことを振り返ったりする活動を適切に設定しつつ、学習活動全体を通して見取ることが求められること。
② 個々の内容項目ごとではなく、大くくりなまとまりを踏まえた評価とすること。
③ 他の児童生徒の比較による評価ではなく、児童生徒がいかに成長したかを積極的に受け止めて認め、励ます個人内評価として記述すること。
④ 特に学習活動において児童生徒がより多面的・多角的な見方へと発展しているか、道徳的価値の理解を自分自身との関わりの中で深めているかといった観点を重視すること。

以上に示されているように、道徳科の評価は、一人一人の子供のよさや成長を記述し、認め励ます「個人内評価」とすることが基本である。したがって、道徳教育の目標から評価の観点を演繹すれば、通知表や指導要録では、例えば具体的に次のような記述をすることができる。

・「『夢は必要か』という問いをめぐって、自分の考えを発言し、友達との対話に積極的に参加する様子が見られました。対話しながら探求する楽しさが実感できているようです。」（小学校）
・「自由について多面的・多角的に考えられるようになり、自分の生

き方につなげて目標をもつことができた。自分の思いをしっかり伝えようとする姿勢も見られるようになってきている。」(中学校)

　学校での校内研修や家庭との情報交換を重ねながら、何より教師自身が指導と評価の在り方を常に改善していく姿勢をもち続けることが不可欠である。「考え、議論する道徳」を実現するためには、何より教師自身が、「主体的・対話的で深い学び」を実践する必要があるということを改めて確認しておく必要がある。

【参考文献】
○ 松本美奈・貝塚茂樹・西野真由美・合田哲雄編『特別の教科　道徳Q&A』ミネルヴァ書房、2016年
○ 貝塚茂樹・関根明伸編『道徳教育を学ぶための重要項目100』教育出版、2017年
○ 西野真由美・鈴木明雄・貝塚茂樹編『「考え、議論する道徳」の指導法と評価』教育出版、2016年

第7章
次代を創る資質・能力の育成と特別活動

國學院大学教授

杉田 洋

① 新教育課程で特別活動が育む資質・能力

(1) 特別活動が育ててきた「人間関係形成」「社会参画」「自己実現」

　今般、特別活動において育成することを目指す資質・能力について、これまで目標において示してきた要素や特別活動の特質などを勘案して、重視すべき視点として「人間関係形成」「社会参画」「自己実現」の三つに整理した。これら三つの視点はそれぞれ重要であるが、相互に関わり合っていて、截然と区別されるものではないが、次頁の図のように「自己」を中心に置いて「他者」や「社会」などとの関係について同心円で示してみると分かりやすい。

　人間は、どんな人も、「自己」の周りには多様な「他者」が存在し、否応なしにどのように関わっていくべきかを考えなければよりよく生きていくことはできない。また、そのような人々によって形成される集団や社会に所属しながら生きていかねばならない人間は、その一員としてどのように関わっていったらよいかを常に問われることになる。

　これを道徳教育の視点から見ると、自己を取り巻く多様な人々とどのように関わってくべきかについて考えを深めようとすることは、「主として他の人との関わりに関すること」の内容になる。そして、そのような考えを深めつつ態度としても体得できるようにしようとするのが、特別活動における「人間関係形成」である。さらには、ここに「共感的な人間関係をつくる」という生徒指導の機能が効果的に活かされることになる。また、所属する集団や社会の充実や発展にどのように寄与できるかと考えを深めようとすることは、道徳教育の「主として集団や社会と

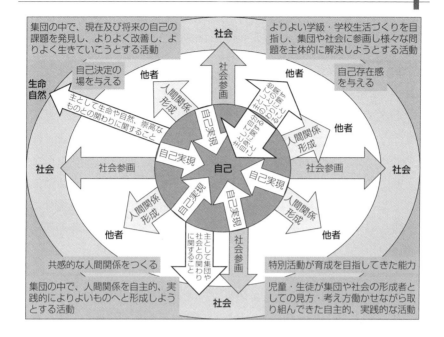

の関わりに関すること」の内容になる。そして、そのような考えを深めつつ態度としても体得できるようにしようとするのが特別活動における「社会参画」である。さらには、ここに「自己存在感を与える」という生徒指導の機能が効果的に活かされることになる。また、自分自身を内向きに見て、自己や人間としてどのように在りたいかを考えようとすることは、道徳教育の「主として自分自身に関すること」の内容になる。そして、そのような考えを深めつつ態度としても体得できるようにしようとするのが特別活動における「自己実現」である。さらには、ここに「自己決定の場を与える」という生徒指導の機能が効果的に活かされることになる。

(2) 新学習指導要領における特別活動で育てたい資質・能力

　今般の学習指導要領の改訂では、各教科等の特質に応じた「見方・考え方」を働かせた指導を通して、「知識・技能（何を知っているか、何ができるか）」「思考力・判断力・表現力等（知っていること、できることをどう使うか）」「学びに向かう力・人間性等（どのように社会・世界と関わり、よりよい人生を送るか」の三つの柱に即してどのような資質・能力の育成を目指すのかを明確に示すことになった。特別活動においてもこうした考え方に基づき、前掲の「人間関係形成」「社会参画」「自己実現」の三つの視点を踏まえ、この三つの柱に即して次の特別活動の目標の(1)、(2)、(3)を示している。

　集団や社会の形成者としての見方・考え方を働かせ、様々な集団活動に自主的、実践的に取り組み、互いのよさや可能性を発揮しながら集団や自己の生活上の課題を解決することを通して、次のとおり資質・能力を育成することを目指す。
(1)　多様な他者と協働する様々な集団活動の意義や活動を行う上で必要となることについて理解し、行動の仕方を身に付けるようにする。
(2)　集団や自己の生活、人間関係の課題を見いだし、解決するために話し合い、合意形成を図ったり、意思決定したりすることができるようにする。
(3)　自主的、実践的な集団活動を通して身に付けたことを生かして、集団や社会における生活及び人間関係をよりよく形成するとともに、自己の生き方についての考えを深め（中学校は「人間としての生き方についての考えを深め）、自己実現を図ろうとする

態度を養う。

① 目標の(1)に示された特別活動における「知識・技能（何を知っているか、何ができるか）」については、話し合いの進め方やよりよい合意形成や意思決定の方法、チームワークの重要性や集団活動における役割分担などととらえることができる。なお、方法論的な知識や技能だけではなく、よりよい人間関係とはどのようなものなのか、合意形成や意思決定ということはどういうことなのか等の本質的なことを理解できるようにすることも重要である。そのほか、次のようなことが考えられる。

・ 集団で活動するうえでの様々な困難を乗り越えるためには何が必要になるのか。集団でなくては成し遂げられないことや集団で行うからこそ得られる達成感があることなどを集団と個の関係において、学ぶこと

・ 学校段階に応じて、集団活動が社会の中で果たしている役割、自己の在り方や生き方との関連で集団活動の価値を理解すること

・ 基本的な生活習慣、学校生活のきまり、社会生活におけるルールやマナー及びその意義などについて理解すること

・ 将来の社会的・職業的な自立と現在の生活や学習がどのように関わるかということを理解すること　など

② 目標の(2)に示された特別活動における「思考力・判断力・表現力等」（知っていること、できることをどう使うか）については、例えば、次のようなことが考えられる。

・ 人間関係をよりよく構築していくために、様々な場面で、自分自身及び自分と違う考えや立場にある多様な他者と、互いを認め合いながら、助け合ったり協力し合ったり、進んでコミュニケーションを図ったり、協働したりしていく力

- 集団をよりよいものへとしたり、社会に主体的に参画し形成したりしていくために、自分自身や他者のよさを生かしながら、集団や社会の問題について把握し、合意形成を図ってよりよい解決策を決め、それに取り組む力
- 現在および将来に向けた自己実現のために、自己のよさや個性、置かれている環境を理解し、それを生かしつつ決定することや、情報の収集・整理と興味・関心、自己の適性の把握などにより、将来を見通して自己の生き方を選択・形成する力　など

③　目標の(3)に示した特別活動における「学びに向かう力・人間性等」(どのように社会・世界と関わり、よりよい人生を送るか)については、例えば次のような態度が考えられる。

- 多様な他者の価値観や個性を受け入れ、助け合ったり協力し合ったり、新たな環境の下で人間関係を築こうとする態度
- 集団や社会の形成者として、集団や生活上の諸問題を解決し、よりよい生活をつくろうとする態度
- 多様な他者と協働して活動に取り組む態度
- 日常の生活や自己の在り方を主体的に改善しようとしたり、将来を思い描き、自分にふさわしい生き方や職業を主体的に考え、選択しようとしたりする態度　など

❷ これからの学校づくりや教育課程全体で目指す資質・能力の育成において特別活動が果たす役割

(1) これからの学校づくりと特別活動の役割

　我が国の学校教育におけるカリキュラムの特徴は、知識・技能などの

修得とともに非認知的な能力の育成など人格の特性をも盛り込んでいることである。また、学級経営など学びに向かう集団づくりと効果的な授業展開の両面からの指導を重視してきた点や学級・学校の文化づくりなどを大事にしてきたことも、特徴の一つである。これからの学校づくりは、このような日本式人間教育の理念を大事にしつつ、いかに社会の変化に対応できるような実用的で汎用的な資質・能力を育成するかが問われることになる。

　このような中で、今般、特別活動は、各教科等で身に付けた資質・能力を総合的、実践的に活用し、主に情意面や態度面の力を、集団や社会での生活につながる汎用的な能力に統合的に昇華する教育活動として期待された。さらには、全教育活動を通じて行われているキャリア教育、学級経営や生徒指導などについて、統合・深化・拡充する時間として教育課程における役割も求められた。また、これまで学校生活において様々な集団における実践的な活動を通して、楽しく豊かな学級や学校の文化をつくる役割も果たしてきた。各学校においては、このような特別活動の役割についてどれだけ真剣に受け止めることができるか、そのうえでいかに適切に教育課程に位置付け効果的に展開することができるかが課題の一つになる。

(2)　汎用的な能力の育成と特別活動の役割

　特別活動は、学校における集団活動や体験的な活動を通して、各教科や道徳等で身に付けた力を、実際の生活において生きて働く汎用的な力にするための人間形成の場として、教育課程上の重要な役割を担ってきた。したがって社会に出た後の様々な集団や人間関係の中で、特別活動で身に付けた資質・能力は生かされていくことになる。このような全人教育を前提とした日本式の教育課程に果たす特別活動の役割は、海外か

らも高く評価されているところである。

　具体的には、各教科等の特質に応じて育まれる見方・考え方を総合的、実践的に活用し、特別活動としての「集団や社会の形成者としての見方・考え方」を働かせ、それぞれの活動に関わりをもつ中で集団や社会における問題をとらえ、課題を見いだし、活動過程の中で、よりよい人間関係の形成、よりよい集団生活の構築や社会への参画及び自己実現に向けて、その問題を解決するために考え、実践できるようにすることが求められる。このようにして、特別活動は、各教科等における学びを実際の場面で総合的に活用して実践する場であるとともに、特別活動の学びが各教科等の学習を行ううえでの土台となるといった各教科等と往還の関係にある。

　また、特別活動の役割を学びの過程に目を向けてとらえた場合、学習や活動について、主体的に取り組む態度を育み、自己や集団の生活等を客観的にとらえて改善する力、すなわち自分で自分を成長させる力を育成することが挙げられる。特別活動では、自己実現に向けて、学習や生活の目標や計画を立て、実行し、振り返り改善する学びのプロセスを充実することとしている。このことに関わっては、学習指導要領の改訂において、小学校の学級活動に「(3)キャリア形成と自己実現」を設け、キャリア教育の視点からの小・中・高等学校のつながりが明確になるようにしている。その指導としては、学習意欲と学習習慣、自ら学ぶ意義や方法などについての題材を設定するとともに、小学校入学時から現在までのキャリア教育に関わる生活や学習などの諸活動や特別活動の実践について、学びの過程を記述し振り返ることができるポートフォリオの作成と活用を通して、自身の成長や変容を自己評価したり、将来の社会生活や職業生活を展望したりする活動などを想定している。このことについては、教材の開発や指導方法など、各学校における創意工夫が求められるところである。

(3) 学級経営の充実と特別活動における学校生活や学習の基盤としての集団づくりの役割

　学級は、児童生徒にとって、学習や生活など学校生活の基盤となる場である。そして、児童生徒は、学校生活の多くの時間を学級で過ごすため、自己と学級の他の成員との個々の関係や自己と学級集団との関係が学校生活そのものに大きな影響を与えることとなる。そこで、学級をよりよい生活集団や学習集団へと向上させるためには、学級経営の充実など教師の意図的・計画的な指導が欠かせない。また、同時に児童生徒が自発的、自治的によりよい生活や人間関係を築こうとして様々に展開される特別活動は、結果として児童生徒が主体的に集団の質を高めたり、よりよい人間関係を築いたりすることになる。そして、このような児童生徒による温かい集団づくりは、一人一人のよさや可能性を生かすと同時に、他者の失敗や短所に寛容で共感的な学級の雰囲気を醸成し、いじめ等の未然防止にもつながる。

　このことに関わっては、学習指導要領特別活動第3の1の(3)に「学級活動における児童（生徒）の自発的、自治的な活動を中心として、学級経営の充実を図ること。その際、特に、いじめの未然防止等を含めた生徒指導との関連を図るようにすること」と示されている。

　一方で、特別活動などにおける集団活動の指導では、過度に個々やグループでの競争を強いたり、過度に連帯の責任を求めて同調圧力を高めたりするなど、その指導方法によっては、違いや多様性を排除することにつながることにもなりかねないことに留意する必要がある。そのことが、一部の児童生徒が排斥されたり、不登校のきっかけになったり、児童生徒一人一人のよさが十分発揮できなかったり、さらにはいじめにつながったりすることもある。また、このようなことが、学習意欲の低下に直結することも少なくない。そこで、これまで学習指導要領において

特別活動が目標として示してきた「望ましい集団活動を通して」について、新たに「互いのよさや可能性を発揮しながら」というように具体的な文言に置きかえて示されているのである。

特別活動の指導に当たっては、このことを踏まえ、「いじめ」や「不登校」等の未然防止等に関わる生徒指導との関連を図りながら、一人一人の人権に配慮し、児童生徒が互いのよさや可能性を発揮し、生かし、伸ばし合うなど、生活集団としても、学習集団としてもよりよく成長し合えるような関係が築けるように配慮しなければならない。

なお、学習指導要領の前文においても、「一人一人の児童（生徒）が、自分のよさや可能性を認識するとともに、あらゆる他者を価値のある存在として尊重し、多様な人々と協働しながら様々な社会的変化を乗り越え、豊かな人生を切り拓き、持続可能な社会の創り手となることができるようにすることが求められる」と新たに示されているように、このことは単に特別活動だけに留まらず、学校教育全体で留意すべきことである。

❸ 他教科の関連単元などを踏まえた特別活動の取り組み方

特別活動における集団活動は、意見の異なる人と折り合いを付けたり、他者と話し合い、集団としての意見をまとめたりする話合い活動や、体験したことや調べたことをまとめたり発表し合ったりする活動が多様に展開されることから、言語力の育成や活用の場として重要な役割を果たしている。

国語科との関連においては、例えば、国語科で身に付けた「話すこと・聞くことの能力」が、特別活動においてよりよい生活や人間関係を

第7章
次代を創る資質・能力の育成と特別活動

築いたり、集団としての意見をまとめたりするための話合い活動に実践的に働くことになる。また、特別活動で養われることになるよりよい生活を築くために話し合ったり、言葉で表現したり、まとめたり、発表し合ったりするための資質・能力が、国語科における「話すこと・聞くことの能力」「書くことの能力」を養うための学習においても生かされることになる。

また、学級活動や児童会活動などで行われる調査・統計の結果を効果的にまとめたり、説明したりするなどの基礎となる能力は、算数科、理科、社会科などで培われるものである。

同好の児童が共通の興味・関心を追求する活動を展開するクラブ活動においては、伝統的な活動や文化的な活動、体育的な活動、生産的な活動、奉仕的な活動などから様々なテーマを取り上げて取り組むことがある。これらのテーマは、各教科等の学習と深い関わりをもっている場合が多い。

学校行事においては、学芸会、作品展、音楽会、運動会、遠足、集団宿泊活動、修学旅行、飼育栽培活動など各種の行事が行われており、これらは、各教科等の学習と深い関わりをもつものが多い。逆に、様々な行事の経験が各教科等の学習に生きるなど、学校行事と各教科等は深い関わりをもっている。このように学校行事は、児童生徒が日常の学習や経験を総合的に発揮し、発展を図る教育活動であり、各教科等では容易に得られない体験的な集団活動である。また、儀式的行事などにおける国旗及び国歌の指導については、社会科や音楽科などにおける指導と十分に関連を図ることが大切である。

また、外国語活動との関連については、特別活動では、「文化的寛容さをもち、多様な他者を尊重する態度」を大切にする特質を生かして、結果として友達との関わりを大切にした体験的なコミュニケーション活動を一層効果的に展開できるようにする必要がある。

そのほか、特別活動では、主権者教育、環境教育、食育、安全教育、防災教育、健康教育など、現代的な教育内容や課題も指導内容としているが、社会科や理科、道徳科、体育科や家庭科、総合的な学習の時間などとの指導と関連を図って効果的に展開する必要がある。
　これまでに概観したように特別活動の各内容は、各教科等の指導や学習と深い関わりをもっている。また、特別活動において育てた資質・能力は、各教科等の学習に影響を与え、「主体的・対話的で深い学び」をよりよく実現させる効果が期待される。

④ 特別活動で資質・能力を育む指導・支援の実際

　冒頭で述べた「人間関係形成」「社会参画」「自己実現」の三つの視点は、特別活動が育成することを目指す資質・能力であると同時に、それらを育成する学習過程との関わりについて重要な意味をもつ。つまり、この三つの資質・能力の視点と特別活動の各活動における基本的な学習過程とを関連付けてとらえて指導することが重要になる。
　例えば、学習指導要領解説特別活動編においては、学級活動について、内容に即した指導の特質を踏まえ、(1)の学習過程例と(2)(3)の学習過程例を区別して示している。次にその指導の実際について述べる。

(1)　「社会参画」と合意形成の力を育てる指導の実際

　学級活動(1)については、次のような学習過程（例）を示している。

第7章
次代を創る資質・能力の育成と特別活動

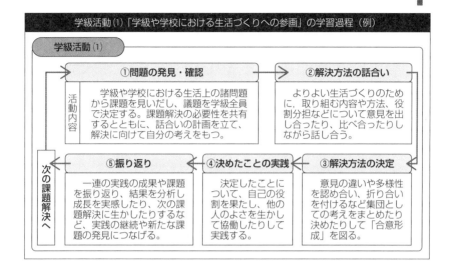

　この学習過程においては、③解決方法の決定の「合意形成を図る」という活動に着目し、特に「社会参画」や「人間関係形成」の視点から指導の工夫をしたい。

　「社会参画」の視点から特に指導の工夫が求められるのは、集団や社会の形成者としての見方・考え方をよりよく働かせることである。つまり、学級活動としては、「よりよい学級の形成者としてどうしたらよいか」とか、「よりよい高学年としてどうしたらよいか」など、考える視点を明確にしたり、その視点における思考の過程を分かりやすく可視化したりするなどの工夫が考えられる。例えば、学級会の指導において、次のような指導の工夫が考えられる。

　○提案理由や話合いのめあてに「考える視点」を分かりやすく示す。
　○その際、キーワードで強調したり、イメージを映像化したりすることも考えられる。
　○話合いの手順に即して、主語をどのように変えて考えたり話し合ったりしたらよいかを分かりやすくボードに記して貼っておく。例え

ば、「出し合う」(私は…)⇒比べ合う(他者は…、私は…)、「まとめる・決める」(私たちは…)など。
○個々の意見を書いて黒板等に貼ることができるようなボードを活用し、そのボードを動かしながら、多様な意見を分類・整理して、よりよい合意形成ができるようにする。
○合意形成の目的に即して、べん図やマインドマップなどのシンキングツールを活用して話し合う。

「人間関係形成」の視点から特に指導の工夫が求められるのは、相手意識や人権感覚をもって話合いができるようにすることである。例えば、合意形成とは、安易に迎合したりすることでも、相手の意見を無理にねじ伏せることでもない。複数の人がいる集団では、意見や価値観の相違があって当然である。そのため、集団における合意形成では、同調圧力に流されることなく、批判的な思考力をもち、他者の意見も受け入れつつ自分の考えも主張することが大切になる。そして、異なる意見や考えをもとに、様々な解決の方法を模索したり、折り合いをつけたりすることが、特別活動の活性化を図っていくうえで重要である。そのため、例えば、学級会において次のような指導の工夫が考えられる。

○話合いの過程において、効果的なタイミングで「相手がなぜそのような意見をもっているのか」を互いに想像してみる活動を取り入れる。
○賛成、反対を述べ合うだけでなく、折り合いをつけるためのいくつかの考え方を示し、それらを話合いの中で活用できるようにする。例えば、「課題を示し、解決の方法を考える」「条件付きで賛成をする」などが考えられる。

第7章
次代を創る資質・能力の育成と特別活動

(2) 「自己実現」と意思決定の力を育てる指導の実際

学級活動(2)(3)について、次のような学習過程（例）を示している。

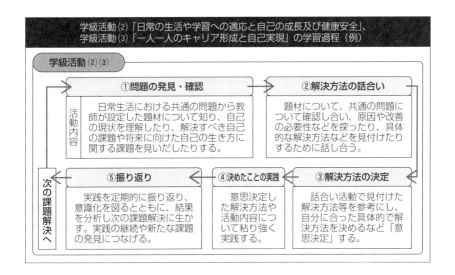

　この学習過程においては、③解決方法の決定の「意思決定」という活動に着目し、特に「自己実現」の視点から指導の工夫をしたい。自己実現のためには、具体的な実践上の課題を設定することが欠かせない。そのため、例えば、学級活動(2)において、「歯をしっかり磨く」とか「誰とでも仲よくする」というような漠然とした決定ではなく、「自分の歯並びは、右の奥歯を磨き残してしまうことが多いので、必ず縦磨きをする」とか、「これまで一緒に遊んだことのない人に今週中に声をかけてみる」などのように具体的で、実現可能なことを決められるようにする必要がある。また、学級活動(3)については、「英語を頑張る」とか「掃除を頑張る」ではなく、「将来、海外のツアーコンダクターをしてみたいので、苦手な英単語を毎日1頁ずつ練習する」とか「どんな職業につ

いても掃除は大事だからしっかり覚えてできるようにする」など、将来との関わりで動機付けを明確にすることも大切である。そこで、次のような指導の工夫が考えられる。

○ 話合いの手順に即して、主語をどのように変えて考えたり、話し合ったりしたらよいかを分かりやすくボードに記して貼っておく。例えば、「つかむ（課題）」（私たちは…⇒私は…）⇒「さぐる（問題の原因や改善の必要性）」（一般的に…）、「見つける（多様な解決方法）」（一般的には…）、「決める（私は…）」など。

○ 「つかむ」の段階では、科学的なデータや児童生徒の実態調査結果などを活用し、切実な問題として受け止められるように工夫する。

○ 「見つける」の段階では、小グループでの話合いを取り入れ、付箋などを活用したブレーン・ストーミングなどを行い、多様な解決方法などを出し合い、それらを分類・整理してまとめられるようにする。

○ 「決める」の段階である意思決定については、その目的に即して、「何が問題か」やそれを改善するために「何をどのように努力するのか」などを具体的に書き込み、それらを一定の期間、自己評価や相互評価ができるような意思決定カードを工夫する。

なお、特に、中学校においては、これまで学級活動(1)は合意形成、学級活動(2)、(3)は意思決定と区別して指導してこなかったことや自治的な話合いの指導が十分でなかったことなどから、学級活動(1)について、「集団としての意見をまとめる話合い活動など小学校からの積み重ねや経験を生かし、それらを発展させることができるよう工夫すること」と示されたことに特に留意する必要がある。

第8章
学校図書館の機能を生かした学習活動や読書活動の充実

元白梅学園大学教授
日本学校図書館学会副会長
佐藤正志

学校図書館の役割と機能

　平成11年、ユネスコで「学校図書館宣言」が採択された。そこでは「学校図書館は、今日の情報や知識を基盤とする社会に相応して生きていくために基本的な情報とアイディアを提供し、児童生徒が責任ある市民として生活できるように、生涯学習の技能を育成し、想像力を培うものである」と宣言している。そのうえで、学校図書館が「教育の過程にとって不可欠なもの」であり、「学校の使命及びカリキュラムとして示された目標を支援し、かつ増進する」ものでなければならないとしている。ここでは、国の内外を問わずそうした重要な責務を負っている学校図書館の役割と機能について整理する。

(1) 学校図書館法における学校図書館の位置付けと役割

　学校図書館法第1条には、学校図書館が「学校教育において欠くことのできない基礎的な設備である」とあり、第2条に「図書、視覚聴覚教育の資料その他学校教育に必要な資料を収集し、整理し、及び保存し、これを児童又は生徒及び教員の利用に供する」という役割が示されている。そのうえで、学校図書館は「学校の教育課程の展開に寄与するとともに、児童又は生徒の健全な教養を育成する」と、その目的が示されている。
　学校図書館が学校教育の目標の達成、教育活動の充実になくてはならないものであり、その積極的な利活用が図られなければならないことが示されている。そこで、第7条及び第8条で学校設置者や国の役割について言及し、学校図書館の整備・充実を図ることを求めているのである。

(2) 学校図書館の三つの機能

現在、学校図書館は次の三つの機能を有しているといわれている。
① 豊かな心や人間性、教養、創造力等を育む自由な読書活動や読書指導の場である「読書センター」機能

これは、図書館という言葉からすぐにイメージすることのできる「本を読む」「本を貸し出す」といった基本的な機能である。児童生徒の読書離れがいわれている現在、再度この機能の充実が求められている。

② 児童生徒の自発的・主体的・協働的な学習活動を支援したり、授業の内容を豊かにしてその理解を深めたりする「学習センター」機能

学校図書館の資料を活用する場を指導の過程に位置付け、充実した学習を展開するための機能である。新学習指導要領で「主体的・対話的で深い学び」の重要性がいわれている現在、この機能の活用が求められる。

③ 児童生徒や教職員の情報ニーズに対応したり、児童生徒の情報の収集・選択・活用能力を育成したりする「情報センター」機能

従前、学校図書館の機能として「学習・情報センター」という言葉が使われていたが、それが分離され、この重要性が強くいわれるようになった。平成28年12月の学習指導要領の改訂に向けた中央教育審議会の答申(以下、「中教審答申」という)でも「子供たちが学びを深めるために必要な資料(統計資料や新聞、画像や動画等も含む)の選択や情報の収集、教員の授業づくりや教材準備等を支える学校図書館の役割に期待が高まっている」としている[1]。これは、学校の教育活動全体を支える学校図書館という考え方に立つ機能である。

この三つの機能については、それぞれ節を改めて順次考察していく。

(3) 新学習指導要領と学校図書館

　新学習指導要領の小学校総則では、「学校図書館を計画的に利用しその機能の充実を図り、児童の主体的・対話的で深い学びの実現に向けた授業改善に生かすとともに、児童の自主的、自発的な学習活動や読書活動を充実させること」と示されている。今回の学習指導要領改訂に当たっての重要な考え方の一つである「主体的・対話的で深い学び」の実現のために、学校図書館に大きな期待がかけられていることがわかる。

　また、各教科等に関わる記述でも、「指導計画の作成と内容の取扱い」の中で学校図書館の活用について触れられている。国語では「学校図書館などを目的をもって計画的に利用しその機能の活用を図る」という言葉が新たに追加され、学校図書館の利用計画の作成・充実が求められることとなった。社会科では「学校図書館や公共図書館、コンピュータなどを活用して、情報の収集やまとめなどを行う」、総合的な学習の時間でも「学校図書館を計画的に利用し、その機能の活用を図り」と示されている。問題解決的学習や探究的な学習で、学校図書館の活用を求めているのである。

❷ 「主体的・対話的で深い学び」の実現と学校図書館

　前述したように、新学習指導要領では「主体的・対話的で深い学び」の実現のために、学校図書館を活用することの重要性を指摘している。それは、先に整理した学校図書館の「学習センター」としての機能を活用することに他ならない。そこで、その具体化について考えてみたい。

(1) 「主体的・対話的で深い学び」とは

　中教審答申では「主体的・対話的で深い学び」の実現について、教員が「子供たちに求められる資質・能力を育むために必要な学びの在り方を絶え間なく考え、授業の工夫・改善を重ねていくことである」と述べている。つまり、授業の工夫・改善を図るための方向性が「主体的・対話的で深い学び」であると解釈することができる。

　さらに、「主体的・対話的で深い学び」の実現とは、「学校教育における質の高い学びを実現し、学習内容を深く理解し、資質・能力を身に付け、生涯にわたって能動的（アクティブ）に学び続けるようにすることである」としたうえで、授業改善のために次の三つの視点を示している。

---

① 学ぶことに興味や関心を持ち、自己のキャリア形成の方向性と関連付けながら、見通しを持って粘り強く取り組み、自己の学習活動を振り返って次につなげる「主体的な学び」が実現できているか。

② 子供同士の協働、教職員や地域の人との対話、先哲の考え方を手掛かりに考えること等を通じ、自らの考えを広げ深める「対話的な学び」が実現できているか。

③ 習得・活用・探究という学びの過程の中で、各教科等の特質に応じた「見方・考え方」を働かせながら、知識を相互に関連付けてより深く理解したり、情報を精査して考えを形成したり、問題を見いだして解決策を考えたり、思いや考えを基に創造したりすることに向かう「深い学び」が実現できているか。[2)]

(2)　「主体的・対話的で深い学び」と学校図書館

　こうした視点での授業改善を考えたとき、学校図書館はどのような役割を果たすことができるのか整理する。

　授業改善の視点①では「見通しを持って粘り強く取り組み」という言葉に着目したい。子供の主体的な学びを保障するためには、自分がこれから何を、どのように学んでいくのか、最終的にはどのような形で学びが収束するのかという見通しを持たせることが重要である。それが学習意欲を喚起し、粘り強い取組みにつながっていく。

　そのために、学びの結果としての作品などを事前に示すことができれば、見通しを持たせるのに効果的である。学校図書館は、そうした作品を収集し、保存しておく場でありたい。それは、自校の先輩の作品である場合もあるだろうし、図書資料に掲載された他校の作品であることも考えられる。

　視点②では、「先哲の考え方を手掛かりに考える」という言葉に着目する必要がある。先哲の考え方は、学校図書館のたくさんの図書資料の中に詰まっている。逆にいうと、図書資料とは、先哲の考え方の塊なのである。

　子供たちが学習内容に関わる図書資料を読むことで、自分の考えと図書資料に書かれていることとを比較したり、関連させたり、総合したりすることで考えが広がったり、深まったりしていくと考えられる。従前から「図書との対話」という言葉があったが、その具体化を考えていきたい。

　最後の視点③では、「情報を精査して考えを形成したり、問題を見いだして解決策を考えたり」ということを重視する必要がある。これは、今回の改訂でも重視されている問題解決的な学習を考えると理解しやすい。

　問題解決的学習は、一般的に「児童生徒一人一人が自らの問題意識を

もち、学習問題に対して解決の見通しを立て、それに従って必要な情報を収集し、それらを活用して問題を解決し、その結果を整理し表現する」という学習過程を踏む。この、必要な情報を収集し、問題を解決することが情報を精査して考えを形成することであり、見いだした問題の解決策を考えることである。そうした学習を行う場として学校図書館を位置付けることが重要である。

(3) 「主体的・対話的で深い学び」のさらなる充実のために

このように考えてくると、「主体的・対話的で深い学び」を実現するために、学校図書館が大きな役割を果たすことがわかる。その充実のためには、学校図書館の活用を指導計画に位置付け、意図的・計画的にその活用を図っていくことが重要である。

学校図書館には、図書資料を含めて教科書以外の教材や学習材を提供する役割を担うことが求められる。したがって、各教科等の学習においてどのような学習活動が想定できるかを検討し、それとの関わりで、どのような教材・学習材が必要なのかを明らかにし、収集・保管をしておかなければならない。また、児童生徒の予習や復習といった自主的学習に何を用意しておいたらよいのかも検討しておく必要がある。それらを指導計画、あるいは学校図書館の活用計画として明確にしておくのである。そうした周到な準備を通して、学校図書館の効果的な働きが可能となる。

 ## 読書活動の充実と学校図書館

平成16年に公表された「これからの時代に求められる国語力について」

という文化審議会の答申では、読書を「人類が獲得した文化である」としたうえで「読書により我々は、楽しく、知識が付き、ものを考えることができる」「読書習慣を身に付けることは、国語力を向上させるばかりでなく、一生の財産として生きる力ともなり、楽しみの基ともなるものである」とし、学校、家庭、社会における読書活動の推進を求めている[3]。また、平成17年に施行された文字・活字文化振興法では、文字・活字文化について「人類が長い歴史の中で蓄積してきた知識及び知恵の継承及び向上、豊かな人間性の涵養並びに健全な民主主義の発達に欠くことができないもの」と規定している。ここでは、そうした役割を担う読書活動について、学校図書館の「読書センター」としての機能との関わりで考察する。

(1) 読書の意義

まず、多様ないわれ方をする読書の意義について、簡単に整理しておきたい。日本学校図書館学会は平成27年9月、「読書と学校図書館とのかかわり」という研究報告書を公表した。そこでは、読書について「文字によって表現された著作物（紙媒体だけでなく電子媒体も含む）を読むことを通して、知識の獲得、能力の育成、価値観の形成など望ましい人間形成を図るものである」とし、「知識や技能などの情報を獲得するだけでなく、読者が著者との会話を通して、それを自分の思考体系の中に思考を働かせながら組み込み、再構築する過程」であるとしている[4]。

つまり、読書は、著作物を通して著者と対話・交流することを契機として、自己内対話を生み、これまでの自分を振り返り、これからの自分の考え方や行動の仕方を追い求める行為であると考えられる。ここに、読書が人間形成に与える大きな意義がある。

(2) 児童生徒の読書の実態

同報告書では、児童生徒の読書活動について、政府関係機関や民間団体の読書に関する調査結果を踏まえたうえで、児童生徒の読書傾向について、次の3点を指摘している。

① 児童生徒の読書離れの傾向が顕在化している。特に、学齢が進むにつれて読書離れが進む傾向は顕著であり、この傾向に大きな変化はない。
② 児童生徒の読書は娯楽や文学・文芸などの分野に大きく傾いている事実がある。
③ このような我が国の児童生徒の読書の現状と学力との相関関係が認められる。

そのうえで、「これらの現状は児童生徒だけの問題でなく、広く現代社会における人々の『読書離れ』『活字離れ』の問題として、もはや世間一般の現象として捉えるべきである」としている。また、その原因の一つとして情報化社会の到来があるとして「現今の情報化社会における適切な対応とともに、今後もこの視点（書籍や雑誌、新聞等の図書館資料の価値―筆者注）を見逃すことなく、児童生徒の健全な読書活動の活性化に向けたさらなる努力が期待される」と主張している[5]。

児童生徒の読書の量と質の問題は、大きな課題となっているといえるだろう。

(3) 新学習指導要領と読書活動

新学習指導要領の総則には、学校図書館の利用と機能の充実を通して児童の自主的、自発的な学習活動や読書活動を充実させることが示されていることは既に紹介した。そこでは、新たに地域の図書館の活用につ

いても触れている。学校教育における読書活動は、各教科等の指導といった教育課程内の活動に加え、始業前や放課後の読書活動などのいわゆる教育課程外の活動も含め、学校全体の教育活動の一環として適切に扱うことが求められていると理解しなければならない。

先に挙げた中教審答申では、「読書は、多くの語彙や多様な表現を通して様々な世界に触れ、これを疑似的に体験したり知識を獲得したりして、新たな考え方に出会うことを可能とする」として、言語能力を向上させる重要な活動の一つであるとし、読書の意義を強調している[6]。また、子供たちの読書活動について「量的には改善傾向があるものの、受け身の読書体験にとどまっており、著者の考えを読み解きながら自分の考えを形成していくという、能動的な読書になっていない」としたうえで、「文章で表された情報を的確に理解し、自分の考えの形成に生かしていけるようにすることは喫緊の課題である」としている[7]。「能動的読書」という言葉を使って、読書活動の在り方まで言及しているのである。

(4) 教育課程内外の読書活動と学校図書館

教育課程内の読書というと、まず国語科が考えられる。国語の教科書は、それを読むこと自体が読書活動の始まりであるが、学習指導要領では「読書に親しむ態度の育成を通して読書習慣を形成することをねらいとし、児童の発達の段階に即して適切な話題や題材を精選して調和的に取り上げること」としている。また、国語の学習において、学校図書館を目的をもって計画的に利用し、その機能の活用を図ることの重要性も指摘している。国語が、学校図書館を活用した読書活動の中心になることは間違いない。

国語科以外の教科等においても、学校図書館を活用した読書活動が重要となる。既に指摘したように、課題を追究するための情報を得るため

に学校図書館を活用することが重要である。そうした活動を契機として、科学や歴史などに興味をもち、関連する本を読み進めるということが考えられる。それは、学びの幅を広げるとともに豊かな人間性を養う読書となる。学校図書館は、そうした環境を整えておくことが求められる。

朝の始業前、休み時間、放課後といった教育課程外の読書活動にも、学校図書館は積極的に関与していく必要がある。始業前の読書活動は「朝読書」などと呼ばれ全国に普及しているが、読書内容の指定、担任の関わり方など、その目的や形態は様々である。「朝読書」に対する学校としての明確な方針を確立して共通理解を図るとともに、それを積極的に支援する学校図書館でなければならない。

休み時間や放課後などは、子供たちが課業から解放されて自由に使える時間である。そこでの学校図書館は、個々の子供たちの興味・関心に応じ、様々な本へ自由に手を伸ばすことのできる場でありたい。そのために、どのような体制を作っていくのか、学校全体で検討していくことが重要となる。鍵のかかっている図書館であってはならないことを肝に銘じたい。

④ 教育活動を支える学校図書館と司書教諭、学校司書

近年、学校図書館について様々な制度改正が行われ、その充実に向けた取組みが行われている。学校図書館法の一部改正により、平成15年度から12学級以上の学校に司書教諭が必置されることになった。また平成26年の改正では、学校司書の法制化が実現した。これらは、学校図書館の授業づくりや教材準備を支える「情報センター」としての機能の充実を図ることにつながる。ここでは、その具現化について考察する。

(1) 司書教諭と「情報センター」としての学校図書館

　学校図書館法第5条には「学校には、学校図書館の専門的職務を掌らせるため、司書教諭を置かなければならない」とある。司書教諭は、学校図書館についての一定の講習を修了した学校図書館に精通した教員であることから、学校図書館の充実のために大きな役割を果たすことが期待される。司書教諭には、教員として教育課程の編成への参画、各教科等の学習指導への支援、学校図書館に関わる学校司書やボランティア等との連絡・調整といった役割がある。

　これらの中で、学習指導に関わる教員への支援活動が、学校図書館の「情報センター」としての機能に直結している。具体的には、図書館利用指導、教員向けの情報提供、教材準備への協力、図書館資料のレファレンス、学校図書館活用に関する助言や研修などが考えられる。授業担当者との打ち合わせを基に、授業前・授業中・授業後などにこうした支援を行うことになる。そのために、司書教諭は、授業の内容や方法を熟知するとともに、各担当者との信頼関係を構築しておくことが必要となる。

　しかし、司書教諭が学級担任や教科担任を兼務していることから、こうした役割の遂行が十分できていないという実態がある。司書教諭の専任化は、学校図書館の「情報センター」としての機能の充実のために極めて重要である。また、司書教諭自体が自己の役割が認識できていない、他の教員の理解が進まない、といった声を聞くことが少なくない。司書教諭の資質・能力の向上、及びその役割の理解促進が大きな課題である。

(2) 学校司書と「情報センター」としての学校図書館

　平成26年に学校図書館法の一部が改訂され、「児童又は生徒及び教員

第8章
学校図書館の機能を生かした学習活動や読書活動の充実

による学校図書館の利用の一層の促進に資するため、専ら学校図書館の職務に従事する職員を置くよう努めなければならない」ことが明記された。努力義務ではあるが、学校司書が法的に位置付けられた意義は大きい。これ以降、学校図書館指導員・学校図書館補助員などその呼称は自治体によって異なるが、新たに学校司書を配置したり配置時数を増やしたりする自治体が出てきていることは、嬉しい限りである。

学校司書の職務は、主に奉仕的業務と技術的業務に分けて考えることができる。奉仕的業務には、児童生徒や教員の求めに応じた資料・情報の提供、貸出、予約の受付と処理、レファレンス・サービス(資料相談)、レフェラル・サービス(情報源案内)、資料展示やブックリストの作成などを含めた資料の紹介と案内などがある。また、公共図書館等と連携した資料の貸借なども重要な業務の一つである。

技術的業務は、奉仕的業務を行うための学校図書館の整備である。具体的には、収集する資料の選択や受け入れ、データベースの作成、配架や点検を含めた書架の整備などがある。また、児童生徒や教員の求めに応じた資料の収集や二次資料の作成などは、「情報センター」としての機能の充実のための重要な業務である。

以上のように、学校司書には多岐にわたる業務が期待されている。しかし、学校司書を巡っては、配置時数の問題はもとより、勤務時間・勤務体制といった雇用形態や待遇の問題、学校司書としての職務遂行能力向上など、克服すべき課題は少なくない。また、教員との関係に悩む学校司書もいると聞く。学校図書館の機能を生かして学校教育を充実させるために、こうした課題を一つ一つ解決していかなければならない。

⑤ 学校図書館の充実と学校図書館長としての校長の役割

　平成28年10月、文部科学省の学校図書館整備充実に関する調査研究協力者会議は「これからの学校図書館の整備充実について」という報告書をまとめた。そこでは、「校長は、学校図書館長としての役割も担っており、校長のリーダーシップの下、（中略）学校図書館全体計画を策定するとともに、同計画等に基づき、教職員の連携の下、計画的・組織的に学校図書館の運営がなされるよう努める」とし、学校図書館の運営に関わる校長の役割の重要性を強調している[8]。そこで、学校図書館長としての校長の役割について整理する。

(1) カリキュラム・マネジメントと学校図書館

　新学習指導要領では、これからの学校運営に当たっては、学校の特色を生かしたカリキュラム・マネジメントが重要であるとしている。先の中教審答申では、カリキュラム・マネジメントには三つの側面があると定義し、その一つが「教育活動に必要な人的・物的資源等を地域等の外部の資源も含めて活用しながら効果的に組み合わせること」である。また、カリキュラム・マネジメントは、管理職のみならずすべての教職員がその必要性を理解し、日々の授業についても、教育課程全体の中での位置付けを意識しながら取り組む必要があるとされる[9]。

　カリキュラム・マネジメントの定義にある「教育活動に必要な物的資源」の一つが、学校図書館であることは間違いない。また、それにかかわる「人的資源」とは、司書教諭や学校司書などである。学校図書館と

第8章
学校図書館の機能を生かした学習活動や読書活動の充実

そこでの児童生徒の活動を支えるそうした職の重要性を、管理職はもとよりすべての教職員が理解しなければならない。そのうえで、学校図書館を教育課程の中に位置付け、取り組んでいくことが求められている。ここに、学校図書館長としての校長がリーダーシップを発揮することの必要性がある。

(2) 学校図書館活用方針の明確化と学校経営方針への位置付け

　学校経営案は、学校の教育目標の達成に向け、教職員や施設・設備、予算などをどう動かしていくのか、校長としての基本的な考え方や具体的な方策を整理し、教職員はもとより保護者や地域住民、関係諸機関に示す学校運営の総合的な指針である。学校図書館長である校長としての教育理念が表れる基本的な考えの中に、学校図書館の活用を位置付けることが必要である。また、教育目標を達成するための具体的な方策では、学校図書館を活用するための方向性を明記したい。

◇メディアセンターとしての学校図書館の積極的活用
① 　学校図書館やパソコンルームを積極的に活用し、日々の読書活動や問題解決的な学習に伴う調べる活動を充実させます。
② 　学校図書館やパソコンルームのメディアセンターとしての活用を活性化させるために学校図書館運営委員会を組織するとともに、全体計画及び活用計画の作成と修正などに取り組みます。
③ 　保護者や地域住民、関係諸機関との連携を深め、メディアセンターとしての学校図書館やパソコンルームの充実を図ります。

　これは、学校の特色ある教育活動の一つとして学校図書館をパソコンルームと一体化させたメディアセンターとして位置付け、学校図書館の

積極的な活用を考えている校長の学校経営案の一部である。学校図書館の運営組織と活用計画まで踏み込んだ記述があることに着目したい。

(3) 学校運営組織の確立と校長の役割

　前掲の学校経営案では、学校図書館運営委員会を組織することを明記している。こうした組織づくりについて、もう少し具体的に考えてみる。

　読書活動が中心であったこれまでの学校図書館では、学校図書館主任あるいは司書教諭と学校司書で学校図書館の維持・管理をすることが可能であった。しかし、各教科等の学習支援をするために各種の教材や資料を収集し、授業担当者に提供する役割を学校図書館が担うことになると、これまでの体制では対応が難しくなる。そこで、学校図書館の業務を遂行するための組織が必要となる。それは、まず組織をつくるということではなく、そこにはどのような業務があり、それを遂行するためにはどのような人的組織が必要なのかということから考えていくべきである。

　そうした考えを出し合い、調整して組織化していくためには校長のリーダーシップを欠かすことができない。校長には、自校の教職員の実態を踏まえ、人材育成を含めた学校図書館の将来展望をもつことが求められる。

(4) 学校図書館全体計画、活用計画の策定と校長の役割

　学校図書館機能の積極的な活用は、意図的・計画的な営みでなければその充実に結び付かない。そのために、まず学校図書館活用の全体計画が必要となる。これは、各校の学校図書館活用の考え方や方針を総合的に理解するための全体像である。次頁にその具体例を示したが、学校教育目標、学校図書館の目標、各学年の重点、具体的な取組みなどが関係

第8章 学校図書館の機能を生かした学習活動や読書活動の充実

学校教育目標

よく学ぶ子
思いやりのある子
元気な子

学校図書館は、教育課程の展開に寄与するとともに、児童の健全な教養を育成することを目的とする

多くの児童が本好きで、読書量も増加しているが、調べ学習等で図書館を利用する機会は少ない。

学校図書館の目標

学校図書館の活用を通して、自ら学ぶ意欲と態度を育て、生涯学習の基礎を培う

ねらい

①児童の読書意欲を盛んにし、豊かな心情と幅広い知識を身に付ける。
②学び方指導を充実し、図書館活用の望ましい態度や技術を高める。
③多様な資料から目的に応じた情報を選び、課題解決を図り、情報活用能力を育成する。

指導の重点

①教育課程全体を通して、計画的な読書活動と学校図書館の活用を推進する。
②学校図書館を活用した教科等の学習の充実と情報活用能力の育成を図る。
③司書教諭と学校図書館指導員を中核とした学校図書館教育の推進を図る。

各学年の重点目標

学年	目標	学年	目標	学年	目標
第一学年	・読み物を楽しんで読もうとする。 ・図書館に親しんで利用できる。	第三学年	・様々な種類の本を読もうとする。 ・進んで図書館を利用して調べようとする。	第五学年	・読書を通して知識を増やし、心情を豊かにする。 ・目的に応じて図書館を適切に利用する。
第二学年	・読み物を進んで読もうとする。 ・図書の扱い方や借り方など正しく利用できる。	第四学年	・読書の幅を広げ、進んで読み、読書量を増やす。 ・調べ学習に意欲的に取り組む。	第六学年	・適切な本を選んで読む週間を定着させる。 ・学び方を身に付け、課題解決能力を高める。

具体的な取組み

〔各教科〕
○図書館機能を活用し、課題解決学習、調べ学習、個別指導やグループ学習の場とする。
○情報の収集、処理等、情報活用能力を養う。
○読書指導を行い、読書習慣、態度を養う。

〔読書活動〕
○「読書タイム」「推進図書リスト」等による読書の推進、習慣化。
○「ふれあい読書」「読書バイキング」「ブックメニュー給食」等による意欲の向上。

〔総合的な学習の時間〕
○学び方や考え方を身に付ける。
○課題の解決、探究に主体的に取り組む。
○系統的に情報活用能力を育成する。

〔特別活動〕
○図書委員会を中心に、自発的・自治的に図書館を運営し、読書活動推進を展開する。
○特別活動の中で積極的に図書館を活用する。

〔道徳〕
○図書資料を通して、様々な生き方や考え方に接する中で、自分を深め、道徳的心情を培う。

〔家庭・地域との連携〕
○年2回の読書旬間による親子読書の推進。
○ボランティアや公立図書館との連携。

朝読・昼読の推進 | 推進組織の確立・充実 | 図書館経営評価の実施 | 図書環境の整備・充実

学校図書館全体計画（小学校の例）

図として記載されている[10]。

　それをさらに具体化し、各学年あるいは教科ごとに4月からの時系列を追って表にまとめたものが、学校図書館の活用計画となる。これは授業担当者が手元に置き、具体的な指導案を作成する時の基礎資料となる。

　以上のような計画づくりにおいても、校長がリーダーシップを発揮することが重要となる。これからの学校教育の在り方を見据えるとともに、児童生徒や教職員、学校の実態を踏まえた効果的な計画となるよう指導・助言していかなければならない。

(5) 学校図書館の施設・設備の充実と校長の役割

　学校図書館長としての校長の重要な役割がもう一つある。それは、学校図書館の蔵書も含めた施設や設備の充実である。

　学校に配当された予算をどこにどのように配分するのか、どのような蔵書を充実させるのかといった予算の使い方の最終的な判断は校長に任せられることとなる。校長は、自校の学校図書館の実態を見極め、限られた予算を有効に使えるように考えなければならない。

　また、多くの予算を伴う学校図書館の施設・設備や備品については、教育委員会への要望とともに、きめ細やかな連絡・調整が必要となる。それは、校長だけができる重要な役割である。教育活動の中心に学校図書館を位置付け、その将来像を描き、その実現に向けた校長の働きが重要となる。

　これらの他、教職員の研修の計画と実施、学校図書館の活用状況の評価など、校長がリーダーシップを発揮しなければならない場面は少なくない。そうした様々な場面で、校長が学校図書館長としてのリーダーシップを発揮することが、学校図書館の機能を生かした教育活動を充実させるための鍵となるだろう。

第8章 学校図書館の機能を生かした学習活動や読書活動の充実

【注】
1) 中央教育審議会「幼稚園、小学校、中学校、高等学校及び特別支援学校の学習指導要領等の改善及び必要な方策等について(答申)」2016年、p. 53
2) 前掲答申　pp. 49-50
3) 文化審議会「これからの時代に求められる国語力について」2004年、p. 20
4) 日本学校図書館学会「読書と学校図書館の関わりに関する研究」報告2015年、p. 18
5) 前掲報告　pp. 5-6
6) 前掲答申　p. 36
7) 前掲答申　pp. 6-7
8) 学校図書館の整備充実に関する調査研究協力者会議「これからの学校図書館の整備充実について」2016年、p. 8
9) 前掲答申　pp. 23-24
10) 荒川区教育委員会「荒川区学校図書館活用指針」2014年、p. 20

第9章
新教育課程の基盤をつくる学級経営

城西国際大学非常勤講師
宮川八岐

1 求められる「学級経営力」

(1) 「優れた教師の条件」と学級経営力

　いじめ問題、いわゆる学級崩壊等への対応として、平成10年改訂小学校学習指導要領「総則」に、初めて「学級経営の充実」の必要性が明示されたが、平成17年10月26日中央教育審議会答申は、「教師に対する揺るぎない信頼を確立する―教師の質の向上―」の中で「優れた教師の条件」として、①教職に対する強い情熱、②教育の専門家としての確かな力量、③総合的な人間力、の3要素を提示している。その②の具体的な力量として、子供理解力、児童・生徒指導力、集団指導の力、学級づくりの力、学習指導・授業づくりの力、教材解釈の力などからなるとし、学級づくりの力の重要性を提起している。

　しかし、今日なお社会や子供等の変化に伴って新たな教育課題への対応力も求められるなど、教師の力量に求められる課題が一層増すとともに学級担任の学級経営力への期待が高まり、平成28年12月21日の中央教育審議会答申「幼稚園、小学校、中学校、高等学校及び特別支援学校の学習指導要領等の改善及び必要な方策等について」(以下、「中教審答申」という) においても、「学習活動や学校生活の基盤となる学級経営の充実」の重要性が強調された。

(2) 「学級経営の内容」と学級担任

　学級経営という用語の使われ方は、思想や立場によって多義的であり、学校内や研究会等でよく使用されるが、時と場においていわんとす

第9章
新教育課程の基盤をつくる学級経営

る内容も様々であり、今日の学級経営の基本的なとらえ方は「学校経営の基本方針の下に、学級を単位として展開される様々な教育指導の成果をあげるための必要な諸条件の整備を行い、運営すること」[1]というのが一般的になっている。しかし、敢えて学級経営の内容を整理分類[2]すると、次のようになるであろう。

ア　学校教育目標、重点課題等に関する指導の基本姿勢
　（学級の実態等を踏まえた学級担任としての学級教育の方針（学級教育目標の設定）など）
イ　学級における教育課程の実践・経営
　（学級組織、教科領域等の充実に向けた指導に関して学級の実態を踏まえた効果的な展開、評価計画など）
ウ　学級における教室（環境）経営
　（教室環境構成、掲示等の計画、座席配置、美化や安全など）
エ　学級における集団経営
　（児童・生徒理解、人間関係や雰囲気づくり、集団活動や集団指導、生徒指導等の指導、教育相談の計画など）
オ　学級におけるその他の指導
　（保護者・地域等との連携、校内・学年組織の役割、学級事務など）

中教審答申の「学習活動や学校生活の基盤となる学級経営の充実」の提言の中で、「（略）小・中・高等学校を通じた学級・ホームルーム経営の充実を図り、子供の学習活動や学校生活の基盤としての学級という場を豊かなものにしていくことが重要である」と述べているが、その〈豊かなものに〉という意味は、上記アからオなどの学級経営の様々な内容に関して、児童生徒が多くの価値ある教育活動や友人と出会い、自己実現の学びができるようにするということであろう。

(3) 学習指導要領における学級経営

　前述した通り、学習指導要領に「学級経営」が登場するようになったのは、平成10年改訂の小学校学習指導要領からである。様々な生徒指導上の問題が多発し、平成6年前後から学級経営が機能しなくなるいわゆる学級崩壊等が大きな問題になったことへの措置として、新たに小学校学習指導要領「総則」第5「指導計画の作成等に当たって配慮すべき事項」2の(2)に下線部分が記述されたが、中・高等学校にその記述はされなかった。

> 　日ごろから学級経営の充実を図り、教師と児童の信頼関係及び児童相互の好ましい人間関係を育てるとともに児童理解を深め、生徒指導の充実を図ること。（下線は筆者による）

　このことに併せて、小学校の学級活動(2)アとして「希望や目標をもって生きる態度の形成」を設定し、年度初めや学期の変わり目などにおける学級経営の充実を図る方向が示された。しかし、平成20年改訂では、中学校においてもいじめ自殺問題など人間関係に起因する生徒指導上の様々な問題が跡を絶たなかったことから、中学校学習指導要領第5章第3の1(3)に「(略)中学校入学当初においては、個々の生徒が学校生活に適応するとともに、希望と目標をもって生活をできるよう工夫すること」と年度当初の学級経営充実の課題が書き加えられた。

　今回の平成29年改訂では「子供たちの学習や生活における学校や学級の重要性が、今一度捉え直される必要があったこと」「これまで総則においては、中・高等学校には学級経営の充実の課題が位置付けられてこなかったこと」などの観点から、小・中・高等学校を通じた一貫した課題として「総則」に次のように記述された。

第9章 新教育課程の基盤をつくる学級経営

> 　学習や生活の基盤として、教師と児童との信頼関係及び児童相互のよりよい人間関係を育てるため、日頃から学級経営の充実を図ること。また、主に、集団の場面で必要な指導や援助を行うガイダンスと、個々の児童の多様な実態を踏まえ、一人一人が抱える課題に個別に対応した指導を行うカウンセリングの双方により、児童の発達を支援すること。

　これは小学校学習指導要領「総則」第4「児童の発達の支援」の1の(1)の記述であるが、中・高等学校の総則においても文中の「児童」と「生徒」の違いこそあれ、文章はほぼ同一である。

　学級における学習や生活を「豊かなもの」にする学級経営への期待も、学級担任と児童生徒、児童生徒相互の人間関係が好ましい状況でなければ実現されない。学級集団は、学習集団としての性格と生活集団としての性格を併せもっていることから、その両者の統一、統合が学級担任による学級経営の重要な課題になる。しかし、まずは生活の場としての学級が成り立たなければ、学習の場としての学級も成り立たない。したがって、上記の配慮事項の「日頃から」は"常に"ではあるものの特に年度初めの学級生活スタートの時点で意図的、計画的に学級内の人間関係を望ましいものにする取組みが必要である。そのことが教育活動充実の前提であり、学級経営の基本課題であると考えられる。

② 学級経営充実の実践構想

(1) 学級経営案の改善

　前述の「学級経営の内容」をどう実践するか、見通しを立てるのが学級経営である。新教育課程としての学習指導要領や学校の教育計画がどう実現されるか、学習や生活が豊かなものになるかどうかは、ひとえに学級担任による学級経営案の具体化の力量如何である。
　その具体的な取組みの事例として「学級経営案5段階完成法」（3学期制の場合）が考えられる。

(第1段階)　4月に入ったばかりの一週間前後の始業式、入学式前の学級経営案のおおよその作成段階である。この場合、特に始業式、入学式当日の指導から4月1か月の学級づくりの見通し、1学期の生活指導、集団活動の指導などの具体的な展開構想を学級経営案に明らかにしておくことである。

(第2段階)　4月末、あるいは5月連休前における、いわば学級経営スタートの1か月の実践の振り返りである。学級の組織編成、人間関係の形成に関わる学級活動の指導とその成果や課題などを確認し学級経営案の調整などをする段階である。

(第3段階)　1学期末に学級経営案の振り返りをし、2学期の実践構想を具体化する段階である。当然ながら教師自身は振り返りをするが児童生徒が自分たちで学級生活を振り返ることも大切である。児童生徒一人一人の振り返りを踏まえ、学級会などで振り返りの会などに取り組むことも効果的である。それらを踏まえて2学期の実践構想を学級

経営案に記入する。
（第４段階）　２学期末の学級経営案の振り返りをし、３学期の実践構想を具体化する段階である。第３段階と同様に教師自身による学級経営の振り返りと児童生徒による振り返りによって成果を明らかにするとともに、３学期の実践構想の具体策などを学級経営案に記入するのである。
（第５段階）　３学期末の学級経営案の振り返りの段階である。学級担任も児童生徒も１年間の歩みを振り返る、いわば年度末の学級経営の評価を行い、実践の成果等をまとめて学級経営案完成である。

　学級経営が、行き当たりばったりであってはならない。学級づくりの見通しと実践、そして振り返りをし、それを踏まえて改善策を立てる。この１年間の学級経営のPDCAサイクルの実施は、新たな教育課程のよりよき実現の基盤として欠かせないことである。

⑵　年度当初の「学級づくり７つの実践課題」への確かな取組み

　４月は、学級経営案５段階完成法のスタートの段階であり、その第１、第２段階の実施の重要な時期である。新教育課程には、主体的・対話的で深い学びの実現や道徳教育、生徒指導、キャリア教育、個に応じた指導、特別支援教育等々の充実など様々な教育課題への対応が求められている。そうした教育課程実現の教育活動を推進する基盤となる学級経営をどうスタートするか、学校、教師、ここでは特に学級担任に問われる基本課題である。年度当初の「学級づくり７つの実践課題」[3]は、そうした学級経営への期待に応える実証的な取組みである。

① 「出会い」の関係づくり
　ア　教師と児童生徒との親和的関係づくりを工夫する。
　イ　始業式、入学式の日に行う。
　ウ　教師の自己紹介、人間的触れ合いの演技などの演出をする。
　　（保護者にアンケート（「どんな○年生になってほしいか」）を配布）

② 「学級教育目標」づくり
　ア　「目指す児童（生徒）像」を学級目標として提示する。
　イ　始業式、入学式から数日後に行う。
　　（保護者の願い、児童生徒の思い、学校の願いを教師が統合し、知・徳・体の人格形成目標を設定する）
　ウ　例えば、教室の前面の黒板の上などに掲示する。

③ 「学級の組織」づくり―その1
　ア　清掃などの当番（生活班）の組織や児童（生徒）会の委員会の組織などを編成し、所属を決定する（中学校の教科担当も当番）。
　イ　②の前後に行う。
　ウ　学校の基本方針の下に編成し、教室の壁面などに掲示する。

④ 「理想・めあて」をつくる
　ア　児童生徒一人一人の抱く「理想の学級生活のイメージ」を学級全員が共有し、各自が新しい学年の努力目標を設定する。
　イ　学級活動の授業（例「○年生になって」）として実施する。
　　（学習や人間関係などに関する不安を解消し、期待感を高め、新しい学年

第9章 新教育課程の基盤をつくる学級経営

　　での個人目標（学習・生活・運動など）を設定する）
　ウ　「理想の学級生活」「個人目標」は教室の壁面などに掲示する。

⑤「学級の組織」づくり―その2
　ア　学級会を運営する計画委員会、係活動の組織を編成する。
　イ　学級活動(1)学級会の授業で児童生徒が組織をつくる。
　ウ　計画委員会の輪番表、係の組織表は教室の壁面（学級活動コーナー等）などに掲示する。

⑥「集団活動」をつくる
　ア　学級会の活動や集団活動による実践活動をスタートする。
　イ　⑤の後に「進級お祝いの会の計画を立てよう」「転入生を迎える会をしよう」などの学級会やその後の児童生徒による自発的・自治的な実践活動に取り組めるようにする。
　ウ　背面黒板等に例えば「学級活動コーナー」なるものを設置し、活動計画や実践状況を掲示するなど工夫する。

⑦「評価・改善」をつくる
　ア　学級経営案5段階完成法の第1段階計画の実際を振り返り、その後の指導の見通しを立てる。
　イ　4月末か5月の連休前の区切りとなるときに行う。
　ウ　教師から児童生徒に振り返りの結果を朝の会などで説明する。

（※①～⑦のア＝「ねらい」、イ＝「いつやるか」、ウ＝「どうやるか」の説明）

年度初めの4月に学級担任が行わなければならない学級経営は極めて多様であるが、上記①から⑦は、主に学級経営の内容のア、イ、エに関わる内容の課題7つに重点を置いて年度初めの実践課題として設定し、学級経営の実践目標を確かなものにしようとするものである。

　しかも、実践課題の④⑤⑥は、学級活動の授業である。児童生徒が学級生活に適応し、意欲的に学習し生活する基盤となるよりよい人間関係を育成するには、教育課程（学級活動）を柱にした学級経営を確かなものとすることが重要である。

　上記7つの実践課題の順序は、時として入れ替わってダイナミックに展開することを可能にしたい。児童生徒から始業式、入学式の当日ないしは翌日にでも「先生、学年が変わったので係を決めたいから明日時間を作って下さい」と提案があった場合には、⑤あるいは⑥を②や③の前にする柔軟な課題設定にすることである。また、④の授業の前に「理想の学級生活」についてアンケートを取ることになるが、その際、児童生徒に対して、具体的なイメージづくりの簡単なオリエンテーションをして思いや願いを耕しておくことである。⑥の係活動についても単に前年のままでなく、仕事の統合や新設についても検討し、創意工夫して改善に取り組めるようにすることである。

　「学級づくり7つの実践課題」は、年度当初（4月）の取組みであるが、その⑦は教師自身の振り返りである。これは学級経営案5段階完成法の第3段階であるが、1学期末には、児童生徒による学級会等で行う振り返りの取組みも実施されるよう、指導することが大切である。2学期末、3学期末にも同様の活動が期待される。

　児童生徒の自発的、自治的な実践活動を尊重し、児童生徒が協働して新しい生活（価値）づくりに取り組む姿は、新教育課程が目指す豊かな学びの姿そのものであると考えられる。

(3) 「学び合い」の場や機会の充実

　新教育課程は、「主体的・対話的で深い学び」の実現を目指している。そうした観点を重視して行われる教科等の特質に応じた学習指導や集団指導が、結果として確かな成果をあげるようにしなければならない。多くの学習活動や集団生活が行われる学級での学級経営において、次のような配慮が必要である。

〈「小集団の編成」の工夫と豊かな学び合いの機会〉
　学級における学習活動や生活指導、各種の集団活動などの指導において、多様な小集団を編成して進められる一般的な組織として、いわゆる「生活班」があるが、言語活動を活発にしコミュニケーション力を育成する点においても、協働して学習や活動の効率化を図る点においても、有効な集団の機会である[4]。しかし、編成の仕方や活用の仕方には幾つかの留意すべきことがある。
　生活班は、当番活動を中心に学習活動でも多く活用されることから、いわゆる均等グループになるよう意図的に教師が編成する。しかし、長期にわたって成員を固定化したり、すべての教育活動において便宜的に、あるいは団結力育成重視の考え方に立って生活班万能主義の学級経営をすることは避けなければならない。児童生徒の興味や関心、能力的な面や特別に配慮を要する児童生徒への配慮、個性などを生かして学習や集団的な活動などによって様々な編成を工夫することが大切である。生活班の活動の仕方では、常にリーダーを固定していたり、話合いで常に集団の統一見解をまとめたり、あるいは競争のための生活班になってしまったりすることがないようにしなければならない。
　学級が多様な個性に関わって豊かな学び合いができる場になるよう小集団の編成・運営において十分留意する必要がある。

〈生徒指導の機能を生かす〉

　学校としての生徒指導の基本計画を踏まえ、学級における生徒指導を充実することが学級経営にも求められる。学校の内外において児童生徒の問題行動対応の観点で生徒指導が論じられることが多いが、生徒指導の究極のねらいは児童生徒一人一人の自己指導能力を育成することであることを学級経営で徹底する必要がある。

　歴史的には、戦後当時の文部省は米国のガイダンスを我が国の児童生徒の生活指導に取り入れて「生徒指導」とした。その生徒指導の機能を内容的な面で学級指導（新学習指導要領の学級活動(2)(3)）とし、方法原理の機能を①児童生徒一人一人の自己決定の尊重、②自己存在感を与える、③児童生徒と教師の人間的ふれあいを基盤とする、とし、学校教育のすべての場で生かす基本原理としてきた。年度初めの「学級づくり７つの実践課題」の①や④⑤⑥や前項の「小集団の編成の工夫と豊かな学び合いの機会」で述べている生活班の指導観も生徒指導の機能を生かした指導法の例であり、学級経営の基盤的な指導原理である。

〈授業以外での学び合いの場や機会の充実〉

　言語活動や集団活動の実践、それらのスキルなどの指導の場として、始業前の十数分の特設の「学級の時間」を確保し、学級経営の充実を図っている学校があり、学級や児童生徒の実態を踏まえた指導を行い大きな成果をあげている。特に、学級会などの進め方や議題についてオリエンテーションをしたり、発表の練習や活動の準備をしたりする貴重な場になる。また、「朝の会」や「帰りの会」、「給食の時間」といった時間なども学習や生活の情報交換、人間的な触れ合いや集団活動などの情報の共有などにおいて有効な機会である。

第9章
新教育課程の基盤をつくる学級経営

(4) 教室環境づくり・健康・安全等の指導の充実

　教室環境づくりも学級教育の一環であり、学級経営の重要な内容である。健康・安全に関する課題も近年複雑多様化し、学校行事や学級活動の指導との関連で、学級経営上配慮しなければならないことが多くなっているというのが現状である。

〈教室掲示・教材教具等の経営〉
　教室掲示も教育の一環であり、創意に富んだ経営が必要である。学年の発達の段階に応じた教科学習に関わる資料や児童生徒の作品の掲示、特別活動の運営に関するコーナーの設置などが必要であり、学級独自の生活文化・教科等の学習文化の表現の場として工夫することが学級経営の実践課題である。

　また、児童生徒が主体的に学ぶに相応しい教室環境を整備することも重要である。様々な機器の活用、学校図書館の積極的活用、読書活動などへの配慮も新教育課程に対応した学級経営の取組みとして期待される。例えば、国語教育の充実の観点から国語辞典を学級に備える場合でも、数種類の出版社のものを用意することで、語句の意味調べをする場合も比較して理解を深めることができ豊かな学びが実現できる。

〈健康・安全・食に関する経営〉
　学級担任は、学校保健計画や学校安全計画、食に関する指導の全体計画の学級における指導内容を常に確認しながら、学級で日常指導を確かなものにしていかなければならない。教科、道徳、特別活動などの指導を踏まえるとともに朝の会や帰りの会における健康観察、登下校時などでの危険から自ら身を守る安全指導、給食の時間などでの食に関する意図的・計画的な指導を進めつつ、教科等横断的な視点に立って児童生徒

一人一人の実践意識を高めることを目指して全体的、個別的指導を日常的に行う学級経営が特に重要になっている。

(5) 問題意識・活動意欲をつなぐ

　学級担任は、学級経営の内容のすべてを受けもつことになる。それらの内容を機械的に児童生徒に伝えるだけでは教育ではない。学級担任の指導を手掛かりに、児童生徒が自ら問題意識を追求し自発的に活動して学びを広げ豊かにしていく態度の育成が求められている。

〈教科等の学習と日常の生活をつなぐ〉
　学級は、教科等の学習をつないだり、深めたり、広げたりする場でありたい。道徳教育の改善で教科としての「道徳科」が誕生し、教科書が使われることになる。そこでの学習が知的なもので終わっては意味が無い。日常の生活と結び付けてこそ確かな道徳性が育つようになる。特に、道徳の教科化に向けた審議結果の答申において「（略）特別活動については、道徳教育において特に重要な役割が期待される」「道徳的実践の中心的な学習活動の場である」と提言され、新学習指導要領の道徳科において、これまでの特別活動の体験活動に加えて実践活動を生かす旨の改善が図られている。学級会をはじめ個を生かす望ましい集団活動の充実で、道徳教育の成果を高める学級経営を工夫する必要がある。
　また、キャリア教育の充実も今回改訂の大きな課題になっている。道徳科や学級活動、学校行事の体験的活動、総合的な学習の時間、日常の当番活動や係、委員会活動などをつなげて、よりよくキャリア形成が図られるようにすることが学級経営に期待されている。

〈活動意欲や学習意欲を高め、広げる〉

　年度初めの人間関係づくりや新しい学年への不安を解消し期待感を高める指導、例えば学級会で係を決めたり、進級を祝う会などを学級全員の協力で成し遂げる望ましい集団活動をスタートしている学級は、雰囲気がよく活気があり、児童生徒一人一人の学習意欲も生活意欲も高い。

　こうした状況を一層よりよい方向に導くには、児童生徒の活動意欲を実践活動でつなげ、豊かな生活づくりに取り組ませることである。そのためのオリエンテーションを適宜に実施し、実践活動を生み出し、新しい価値を創造することへの思いや意欲を一層高めることである。

　年度初めの「学級づくり７つの実践課題」への取組みでスタートした理想の学級生活づくりを継続し、広げ、より豊かにしていくことが重要である。

〈児童生徒理解と教師間の連携〉

　学級経営の重要な課題の一つが、児童生徒理解である。個に応じた質の高い学びを目指すには児童生徒一人一人の思いや願い、行動特性から内面的なものなど個性を掴み、よりよき発達や成長のための適切な指導援助を行う必要があるからである。

　そのためには学級担任は、児童生徒に関わる教師等から児童生徒理解に必要な情報を収集し、教科等の指導や学級経営に生かすようにすることが大切である。小学校でも教科担任制を積極的に取り入れる方向にあるが、中学校においてはなおのこと教師間の連携が重要である。

　一方で、児童生徒の実態を踏まえつつ教育相談を工夫する必要がある。学校生活の一日は極めて窮屈で教育相談の時間を確保する難しさはあるものの、意図的、計画的に機会を見いだす工夫が学級経営に求められる。例えば、給食の時間にグループに入りその自然な会話の中でも、休み時間でも、個別、グループ別などの教育相談活動を実施することも

できる。学年によっては自主勉強ノートや生活ノートといった指導の中で相談交流も可能である。学級担任による学級経営の創意工夫である。

(6) 学級における言語活動を充実する

　深く学ぶ子供を育てる新教育課程の実現には、言語活動の充実への取組みが必須条件であり、学級経営の重要な課題でもある。

　第一には、国語科をはじめ各教科等で「話合い」の基本や「討論力」を身に付け、学級会などでは特に「集団討議力」を育てる。前者は、教科学習のねらいに迫るための手段としての話し合う力であり、後者は、互いの思いや願い、知恵などを統合するなどして新たな発想、生活を創り上げる、いわば新しい生活を創造することがねらいの話し合う力である。日々の学習や生活の中で両者の関連・融合を図りコミュニケーション力の向上を目指す学級経営が大切である。

　第二には、「書くこと」の日常化の学級経営の意義を考えたい。始業式や終業式の気持ちを書く、登下校での出来事、思索、発見などを書く、教科等学習の感想などを書く、朝会講話や学校行事、児童会生徒会の活動へのコメントを書く、飼育小屋の小動物や学級園の草花の観察を書く、ニュース係の報告についての感想を書くなど、あらゆる学習や生活を見つめて文章にするのである。普段のメモを、ある曜日の朝の特設の時間などに原稿用紙に整理する。それを教師に提出し、やがて一人一人のいわば「作文袋」に収め、年度末には作文指導の作品と一緒にして個人文集にまとめるのである。時には、発表し合ったり、生活班などで交換読みをしたりもする。言語力や作文力、感性を豊かにする学級担任ならではの学級経営充実の取組みである。

(7) 「保護者等との連携」の一層の推進

　児童生徒の理解や成長のためには学校と保護者、地域等との連携は不可欠である。新しい教育の方向性や学校教育の課題、学校や学級担任の方針、児童生徒の学びの姿などを積極的に保護者等に伝え、理解を仰ぎながらともに考える姿勢をもつことである。学級通信なども有効な手段ではあるが、適宜に直接的な相談の機会をもつことも必要である。

　家庭学習についても宿題や自主的な学習の在り方、家庭や地域での豊かな体験や多様な学習機会が得られるようにする意義についての理解を図り、手立てを提供するなどして協力を得ることが必要である。

　また、中学校においては、進路等に関する相談などを長期的、継続的にもつようにすることも学級経営として大切な配慮である。

【引用・参考文献】
1) 『小学校生徒指導資料6―生徒指導をめぐる学級経営上の諸問題』文部省、1989年3月、p. 1
2) 『現代学校教育大辞典1』ぎょうせい、2002年8月、pp. 415-417
3) 『日本特別活動学会紀要　第24号』日本特別活動学会、2016年3月、pp. 19-23
4) 『初等教育資料№938』文部科学省、2016年3月、pp. 2-5

第10章
新教育課程と一体的に取り組む生徒指導・教育相談

神田外語大学客員教授
嶋﨑政男

新学習指導要領における生徒指導・教育相談の位置付け

(1) 「何を教えるか」から「何ができるようになるか」

　平成28年7月7日の教育課程総則・評価特別部会で配布された資料「学習指導要領改訂の方向性」には、「何を学ぶか」「どのように学ぶか」に先んじて「何ができるようになるか」とある。これまでの学習指導要領改訂時に見られた「何をどう教えるか」という「大人目線」の議論から、子供主体（何ができるようになるか）への大転換である。
　加えて、そのために育成すべき資質・能力の三つの柱には、「知識・技能の習得」「思考力・判断力・表現力等の育成」とともに、「学びに向かう力・人間性等の涵養」が挙げられている。スキル（技）からマインド（心）重視の方向性が明らかになった今次の改訂といえる。
　この潮流は「総則」の中でも感得できる。「第4　生徒の発達の支援」「第6　道徳教育に関する配慮事項」が新たに設けられるとともに、カウンセリングやキャリア教育が明確に位置付けられた。新学習指導要領において、「何ができるようになるか」を起点に、生徒指導・教育相談の重要性がより強調されたことについて、全教職員の理解の深化が求められる。

(2)　生徒指導・教育相談の位置付け

　現行学習指導要領では、生徒指導に関しては「教師と生徒の信頼関係及び生徒相互の好ましい人間関係を育てるとともに生徒理解を深め、生

第10章
新教育課程と一体的に取り組む生徒指導・教育相談

徒が自主的に判断、行動し積極的に自己を生かしていくことができるよう、生徒指導の充実を図ること」(「総則」)と述べられていた。

　教育相談については「第5章　特別活動」の中で「生徒指導の機能を十分に生かすとともに、教育相談(進路相談を含む。)についても、生徒の家庭との連絡を密にし、適切に実施できるようにすること」と記述されていた。

　新学習指導要領では、「総則」に新設された「第4　生徒の発達の支援」1(2)に生徒指導を取り上げ、「生徒が、自己の存在感を実感しながら、よりよい人間関係を形成し、有意義で充実した学校生活を送る中で、現在及び将来における自己実現を図っていくことができるよう、生徒理解を深め、学習指導と関連付けながら、生徒指導の充実を図ること」と記された。

　生徒指導の定義は「生徒指導提要」[1)]で示された「社会的に自己実現ができるような資質・態度を形成していくための援助」とほぼ同義であるが、「学習指導と関連付けながら」の一文が挿入されたことで、学習指導と生徒指導の二本柱による資質・能力の育成という視点がより明確になったといえる。

　一方、教育相談についてはカウンセリングという用語の使用とともに、かつて生徒指導と訳されていたガイダンスを明確に定義付ける、これまでにない斬新な改訂を行った。しかも、「生徒の発達の支援」の筆頭に次のような文章を織り込んだことには大きな意味がある。

　　学習や生活の基盤として、教師と生徒との信頼関係及び生徒相互のよりよい人間関係を育てるため、日頃から学級経営の充実を図ること。また、主に集団の場面で必要な指導や援助を行うガイダンスと、個々の生徒の多様な実態を踏まえ、一人一人が抱える課題に個別に対応した指導を行うカウンセリングの双方により、生徒の発達

> を支援すること。

 ここに述べられたガイダンス・カウンセリングの意義は、学校教育相談の目指す方向性と軌を一にしている。すなわち、課題を抱える個人だけを対象にするのではなく、すべての生徒の個性の伸長や社会的資質・態度の育成を支援する開発的・包括的な教育相談の重視である。

(3) キャリア教育の意義

 キャリア教育は、教育相談とともに生徒指導の一翼を担うものである。「生徒の発達の支援」1(3)に取り上げられており、「生徒が、学ぶことと自己の将来とのつながりを見通しながら、社会的・職業的自立に向けて必要な基盤となる資質・能力を身に付けること」とその意義が述べられている。

 現行学習指導要領「総則」では、「生徒が自らの生き方を考え主体的に進路を選択することができるよう、学校の教育活動全体を通じ、計画的、組織的な進路指導を行うこと」と記され、特別活動の学級活動の中で「進路適性の吟味と進路情報の活用」「望ましい勤労観・職業観の形成」が指導内容となっていた。

 キャリアという用語は、「キャリア教育の推進に関する総合的調査研究協力者会議報告書」(平成16年1月) では、「個々人が生涯にわたって遂行する様々な立場や役割の連鎖及びその過程における自己と働くこととの関係付けや価値付けの累積」と定義され、その形成を支援する教育をキャリア教育と呼んでいる。

 「子ども・若者育成支援推進法」(平成22年4月施行) 制定の背景には、若者の雇用形態への不透明感やひきこもり・ニート等の困難を抱く若者の増加があった。キャリア形成は個々の生徒の直近の課題であるととも

に、長期的展望を見据えた社会づくりの観点から重要な課題となっている。生徒指導・教育相談・キャリア教育の「三本の矢」は、一本たりとも欠かせるわけにはいかない。

全教育活動を通した生徒指導の実践

(1) 教科等横断的な視点に立った資質・能力の育成

　生徒指導は特定の教科等（領域）で行うものではなく、すべての教育活動を通じて展開される「機能」としての性質をもつ。したがって、教科等横断的な視点に立った生徒指導の推進が可能であり、その成果にも期待がかかる。

　これは教育課程内の教育活動に限ったことではなく、休み時間の相談活動や放課後の部活動や補充学習等でも同様である。しかし、教科や特別活動等において生徒指導の機能を意図的・系統的に位置付け、実践することの効果は大きい。

　各教科等においては、教科等のもつ固有の目標を達成することが最も肝要であるが、生徒指導の機能を活かすことで、双方の目標達成に相乗的効果をもたらすことがある。「いじめに向かわない態度」の育成やキャリアの発達等、学校の現状を踏まえた生徒指導上の目標を位置付けた教育課程の編成が求められる。

(2) キャリア教育の推進

　総則「第4　生徒の発達の支援」の「1　生徒の発達を支える指導の充実」(3)に「キャリア教育の充実」が挙げられている。

そこには「生徒が、学ぶことと自己の将来とのつながりを見通しながら、社会的・職業的自立に向けて必要な基盤となる資質・能力を身に付けていくことができるよう、特別活動を要としつつ各教科等の特質に応じて、キャリア教育の充実を図ること。その中で、生徒が自らの生き方を考え主体的に進路を選択することができるよう、学校の教育活動全体を通じ、組織的かつ計画的な進路指導を行うこと」とある。

　キャリア教育を効果的に推進するためには、ねらいを明確にして、全教育活動を通じて実践できるよう、発達段階に応じた全体計画を策定し（計画性・系統性）、指導方法の工夫・改善や教員の指導力向上に努めなければならない。

　このためには、中央教育審議会答申「今後の学校におけるキャリア教育・職業教育の在り方について」（平成23年1月）の中でキャリア形成のための「基礎的・汎用的能力」として示された、人間関係形成・社会形成能力、自己理解・自己管理能力、課題対応能力、キャリアプランニング能力と、指導者（誰が）・指導機会（いつ・どこで）・指導法（どのように）をマトリクスにして示す必要がある。

(3)　いじめ問題の解決

　不登校、虐待、暴力行為等の問題行動等生徒指導上の問題に対しては、学校全体で組織的・計画的に取り組まなければならないが、尊い命が奪われることの多いいじめ問題への取組みには一刻の猶予もない。平成25年9月に「いじめ防止対策推進法」が施行された後も、いじめを主因とする自死事件は続発している。

　昭和60年、文部省が実施した「いじめ問題を考える」座談会の中で、筆者は「誰もがいじめる・誰もがいじめられる状況にある」「異質なものを排除しようとする考えがいじめの背景の一つにある」「いじめは絶

対許さないという姿勢が大切」「最前線にいる教師の責任は大きい」等の発言をした[2]。

今日のいじめ問題に関する認識は、30年前と少しも変わらない。時が止まってしまっているかのような錯覚に襲われる。この間、多くの施策が展開され、平成25年9月には「いじめ防止対策推進法」が施行された。しかし、インターネットによるいじめの深刻化等、依然としていじめ問題の解消は、生徒指導上の最大の課題であるばかりでなく、大きな社会問題となっている。

このような状況下、新学習指導要領が目指す「主体的・対話的で深い学び」には問題解決への大きな期待がかけられる。危機管理の開発・予防、早期発見・早期対処、問題解決、再発防止という四機能のうち、いじめ問題では特に開発・予防機能の充実が求められるが、「主体的」「対話的」な「深い学び」は、その機能を促進すると考えられるためである。

いじめ防止対策推進法第15条では、「豊かな情操」「道徳心」「心の通う対人交流の能力の素地」がいじめ防止に資するとし、これらを育成するために、道徳教育・体験活動等の充実を義務付けている。また、国の「いじめの防止等のための基本的な方針」別添2では、「いじめに向かわない態度・能力の育成」を掲げ、教育活動全体を通じた道徳教育、人権教育、読書活動・体験活動等の充実を推奨している。

各学校等は、このような開発・予防的な取組みを教育課程に位置付け、いじめに向かわない心情・態度の育成に努めなければならない。これはまさに新学習指導要領が目指す育てたい資質・能力（思考力・判断力や人間性等）と合致するものである。

このためには、「いじめ防止」を中心に据えた生徒指導全体計画を作成し、保護者・地域・関係機関等と連携・協働した取組みを推進する必要がある。また、教職員の集団的・実践的・体験的な活動の指導力の向上や、生徒が主体的に取り組む活動への支援の強化についても、生徒指

導部を核にした組織的な取組みが求められる。

新教育課程と教育相談

(1) 学校における教育相談の動き

今、学校教育相談(学校で行われる教育相談)をめぐって、大きな潮流がある。これまで各地で地道に取り組まれてきた「小さな流れ」が一筋の大河になろうとしている。その象徴が、教育相談等に関する調査研究協力者会議報告書「児童生徒の教育相談の充実について～学校の教育力を高める組織的な教育相談体制づくり」(平成29年1月)である。

第一に、開発的・予防的教育相談の重要性が広く深く認知されたことである。同報告書は、これまでの教育相談は「事後の個別対応に重点」を置いていたとの認識を示し、今後は「未然防止、早期発見、早期支援・対応」を重視するとの方向性を明確にしている。

このことは、SC(スクールカウンセラー)の能力について述べた部分でも読み取れる。報告書には、「学校に適した心理学的な技法を開発する能力」「心理・健康的側面の査定能力」「カウンセリング面接やグループ面接等の種々の技法を用いた対処能力」「教員への心理学的見地からの助言」「学校組織への支援を行う組織心理学的援助能力」「児童生徒への健康保持活動(ストレスマネジメントや対人関係訓練等)の企画立案能力」「心理と学校教育両方の知識を有し、教職員及び関係機関と連携・協働しながら教育相談を実施する能力」が挙げられている。

第二に、SC、SSW(スクールソーシャルワーカー)の役割が明確にされ、これらを含む「チームとしての学校づくり」が教育相談の充実という観点からより具体化したことである。学校教育法施行規則の改正

(SC、SSWの配置) も行われ、専門性を備えた人材は整備されつつある。学校における教育相談の在り方についての真摯な議論が急がれる。

第三にSCの資格についても、「臨床心理士等の実績や不登校や問題行動等の未然防止や集団に対する取組を主な職務とするガイダンスカウンセラーの実績を踏まえた上で、ふさわしい資格を判断すべき」としており、問題を抱える者への個別カウンセリングを中心とする「相談室待機型」から、日常の教育活動（学級経営や授業等）に活かす教育相談の実践家の登用に積極的姿勢を見せている。

第四に、組織的な連携・支援体制を維持するためにコーディネーター役の教職員の存在に言及している点が挙げられる。教育相談に長けた教員を「相談教諭」として位置付けることについては、学校教育相談史の初期段階から議論があった。

昭和40年発行の「生徒指導の手引」[3]では、すでに、教育相談を専門的に担当する者（相談教師・学校カウンセラー）の必要性に言及し、「人間的な暖かみ、自己を受容し他人を受容する態度が成熟して」等の人格的特性を備えた実践家である教師をこの任に充てるよう提言している（コーディネーターについては次節参照）。

(2) 教育相談のマネジメント

学校における教育相談を充実するためには、教育相談のマネジメントが最も重要である。担当者の職務はコーディネーターと重なることが多いが、相談週間の設定や相談室の管理・運営、校内研修の企画立案等、多岐に及ぶ。

中でも、教育相談の基本姿勢・心構え・態度の共通理解を図ることが大きな役割となる。これまで、生徒指導を訓育的管理的、教育相談を受容的・援助的と見なし、両者を対立的にとらえる傾向があった。しか

し、「目の前の子供の幸せを最優先する」ことでは双方に違いはない。生徒への対応の在り方も共通する。

具体的には、気持ちは受け止めるが、ダメなことは「ダメ」ときちんと教える（心理的事実の受容・共感と客観的事実の支援・指導）、「誰もが必ず良い点をもつ」との信念をもって臨む、何があっても決して見捨てない（正対・関与）、原因追及・反省強制より解決に向けた方策をともに考える等の姿勢を指す。いわゆるカウンセリングマインドの発揮である。

(3) 不登校問題と教育相談

新学習指導要領「総則」では、「第4　生徒の発達の支援」に障害のある生徒等とともに、不登校生徒が取り上げられた。そこでは、保護者や関係機関との連携を深め、心理や福祉の専門家の助言又は援助を得ながら、「社会的自立を目指す観点から、個々の生徒の実態に応じた情報の提供その他必要な支援を行う」ことと、特別の教育課程を編成する場合の「生徒の実態への配慮」の必要性が提示された。

平成28年9月には、文部科学省より不登校問題に関する三度目の通知が発出され、同年12月には不登校問題を重視した「義務教育の段階における普通教育に相当する教育の機会の確保等に関する法律」が公布された。

同法では、不登校を「相当の期間学校を欠席する児童生徒であって、学校における集団の生活に関する心理的な負担その他の事由のために就学が困難である状況として文部科学大臣が定める状況にあると認められるもの」（第2条）とし、第8条から第13条では不登校児童生徒への支援・配慮事項を示している。

注目すべきは「個々の不登校児童生徒の休養の必要性を踏まえ」（第13条）という一文である。文部科学省の通知「不登校児童生徒への支援の

第10章
新教育課程と一体的に取り組む生徒指導・教育相談

在り方について」の中にも、「不登校の時期が休養や自分を見つめ直す等積極的な意味をもつ」とある。

不登校の原因をめぐっては、昭和30年代の分離不安説・神経症発症説に始まり、昭和50年代後半からは社会病理説（主として学校環境論）が台頭した。平成4年発出の文部省通知では「どの児童生徒にも起こりうる」の考えが示され、「社会の側からの当事者や家族への働きかけは乏しくなった」[4]との指摘が相次いだ。

その後も様々な見解が出されたが、「養育環境原因論と学校原因論の間で延々と繰り広げられたわが国特有な論争史（略）一方が正しく、一方は誤りといった（略）課題でないことは、長い論争史からわれわれ日本人が傷つきながら学んできた」[5]はずであったのだが、今なお持論を堅持する黒白の争いが見られる。

生徒指導対応のみならず、教育課程編成の折にも不登校対策を明確にすることが大切であるが、その際、図1に示した不登校児童生徒の増加に留意する必要がある。千人比で見ると、平準期、増加期を経て、急増期を迎え、現在は高原期であることが読み取れる。前年比で一喜一憂するのではなく、急増期の背景・原因に目を向けた論議を尽くさなければ不登校問題解決への出口は見えてこない。

「休養」が必要な生徒もいる。しかし一方で、「生活習慣の改善」や「登校意識の向上」の支援等を必要としている生徒の存在を忘れてはならない。教育課程の編成に当たって留意すべきことである。

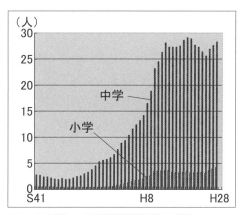

図1　千人当たりの不登校児童生徒数の推移

④ 「チーム学校」の推進

(1) 専門家とともに進める生徒指導

　社会の急激な変化に伴い、学校が直面している課題が増加するとともに、複雑化・多様化・深刻化している。また、教職員の多忙化の改善や人材育成も喫緊の課題となっており、学校経営に困難さを招く一因となっている。こうした中、平成27年12月、その解決策の一つとして学校に心理や福祉等の専門スタッフを配置し、「チーム学校」として組織的な教育活動を推進するという中央教育審議会の答申「チームとしての学校の在り方と今後の改善方策について」が示された。

　中央教育審議会はまた、同じ時期に「新しい時代の教育や地方創生の実現に向けた学校と地域の連携・協働の在り方と今後の推進方策について」（平成27年12月）を答申した。教職員の指導体制の充実等とともに、地域との連携体制の整備・強化や教員以外の専門スタッフの参画が盛り込まれ、学校経営を強力にサポートすることに大きな期待が寄せられている。このような動きは生徒指導上の問題解決の施策の一つとして、早くから取り組まれており、少年の問題行動等に関する調査研究協力者会議報告「心と行動のネットワーク」（平成13年4月）では、「『心』のサインを見逃すな、『情報連携』から『行動連携』へ」という副題が付けられ、教職員のチーム対応、地域ネットワークの活用、サポートチームの組織化等が提言された。

　「チームとしての学校」では、確実な「情報連携」を基盤とした迅速な「行動連携」が求められている。情報共有システムの構築、守秘義務等に関する共通理解の深化、それぞれの専門性の理解と尊重等に配慮し

た実効的な運用が望まれる。

　なお、いじめ防止対策推進法第22条に定められた「いじめの防止等の対策のための組織」では、その構成員として心理、福祉に関する専門的知識を有する者が例示されているが、学校医等の医療関係者、保護司や警察官OB等の司法・矯正関係者、地域の健全育成団体のメンバー（人権擁護委員、民生児童委員、NPO法人会員等）なども有力な候補者である。「チーム学校」の組織化でも参考になるであろう。

(2) 家庭や地域社会との連携及び協働

　学校・家庭・地域の連携・協働により社会全体の教育力の向上を図る取組みが文部科学省主導で進められてきた。柱はコミュニティ・スクール（学校運営協議会制度での学校運営参加）と学校支援地域本部で、学校安全の確保や地域の健全育成活動等で着々と成果をあげている。

　こうした取組みをさらに充実させるためには、地域人材・施設の積極的活用、地域行事への教職員・生徒の参画・参加等、相互の協力関係を強化するとともに、地域と一体となった通学路の安全確保や防災・防犯にかかわる合同訓練の実施等、管理職のリーダーシップの下、担当者を中心に地域社会との連携・協働を活性化することが大切である。

　なお、平成27年12月に「子どもの貧困対策会議」で決定された学校プラットフォーム化構想や、平成28年1月に文部科学省が策定した「次世代の学校・地域」創生プラン、「子ども・若者育成支援推進法」に定められた地域における困難を有する子ども・若者支援等、学校を取り巻く地域社会や関係機関等との連携・協働システムの動向にも常に注意を払う必要がある。

　さらに、平成28年5月には、文部科学省・厚生労働省連名で「生徒指導、家庭教育支援及び児童健全育成に係る取組の相互連携の推進につい

て」が通知され、家庭教育支援関係者との連携強化及び家庭教育支援チームの組織化等が提言された。

　家庭との連携・協働の重要性は、学習指導要領をはじめ各種の答申・通知等で謳われていることであるが、教育課程編成に際しては、「連携・協働」の視点とともに、「家庭支援」に一層配慮することが求められる。

(3)　コーディネーターの役割と資質向上

　これまで示された様々な問題への施策・方策は多岐に及ぶ。行政や学校・機関等の取組みは「出尽くした」感がある。縦糸（施策・方策）は十分である。今必要なのは、これを横糸（連携・協働）で紡ぐ機織役である。「点と点の連携」をもう一歩進め「面」の連携を進める必要がある。この役割を担うのがコーディネーターである。その役割は幅広い分野に広がるため高度な専門性を求められることが多い。専任の生徒指導・教育相談担当の配置が急がれる。

　コーディネーターの役割・資質能力は次の六点にまとめることができる。頭文字を並べると「CACCCOU」（カッコウ）となる。郭公の美しい鳴き声が聞こえる学校を目指し、行政には制度整備・財政支援を、各学校には情報共有・組織対応を期待したい。

①　Counseling（カウンセリング）：相談業務
②　Assessment（アセスメント）：見立て、状況の読み取り
③　Collaboration（コラボレーション）：共同・協働
④　Consultation（コンサルテーション）：情報提供・助言指導
⑤　Compliance（コンプライアンス）：法令遵守・規範に則った職責遂行
⑥　Outreach（アウトリーチ）：訪問支援・要援助者支援

第10章
新教育課程と一体的に取り組む生徒指導・教育相談

【参考文献】
1) 『生徒指導提要』文部科学省、2010年
2) 『中等教育資料』昭和60年10月号、大日本図書、1985年
3) 『生徒指導の手引』文部省、1965年
4) 齊藤万比古『不登校の児童・思春期精神医学』金剛出版、2006年
5) 杉山春『家族幻想』筑摩書房、2016年

(注) 本章は「中学校学習指導要領」を基に執筆しており、「児童生徒」とすべきところを「生徒」と表記している。

第11章
メッセージ：これからの授業づくりに向けて

教育創造研究センター所長
髙階玲治

帝京大学教職大学院教授
向山行雄

> メッセージ：これからの授業づくりに向けて I

子供は未来からの留学生

教育創造研究センター所長
髙 階 玲 治

1 自ら学ぶ子供を育てる

(1) 子供は未来からの留学生

　学習指導要領が改訂されて新たな教育の展望がみえてきた。次期教育課程は今までにない革新性がある。
　その動きは、2014年の文科大臣による中教審への「諮問」から実質的にスタートしている。その「諮問」の冒頭は、「今の子供たちが成人して社会で活躍する頃には、激しい挑戦の時代を迎えていると予想され、グローバル化や技術革新等によって、社会構造や雇用環境は大きく変化する（一部省略）」と述べている。
　新学習指導要領は2020年代の教育を目指すが、そこで学ぶ子供たちは、将来の予測不能な社会で生き抜くことが求められる。子供の6割以上が今はない職業に就くとされる。そのような子供たちに、将来に向けてどのような「力」を身に付け、自立させることが可能か。そこに「諮問」の期待があった。
　かつて、1980年代は「自己教育力」が、2000年代は「確かな学力観」が提唱されたが、将来に向けた「力」のイメージも具体的な指導方略も

第11章
メッセージ：これからの授業づくりに向けて

十分でなかった。その意味で、次期教育課程は「主体的・対話的で深い学び」や「何を学ぶか」「どう学ぶか」「何を身に付けるか」などを具体的に示し、さらに学力形成として「基礎」「活用力」「学びに向かう力」など、子供の将来に向けた「力」にまで踏み込んだ構想になっている。

　子供は未来からの留学生である。未来に羽ばたく子供たちにどんな「力」を身に付けられるか、そこに学校や教師の今までにない新たなミッションがある。

(2) 「学びに向かう力」の実態はどうか

　新教育課程は、将来において豊かな社会基盤を創りうる人間形成を目指しているが、学校教育の現状を考えると大きなギャップがあることに気付かされる。我が国の子供は他国に比べて自己評価が低く、受験学力など知識・理解重視の消極的な授業態度が顕著なのである。

　例えば、最近の高校生についての日本、アメリカ、中国、韓国の比較調査を見ても、「授業中、積極的に発言する」は日本がわずかに3.7％で、中国の17.2％などに比べて低い。「教わったことを他の方法でやってみる」も日本は7.5％に過ぎない。アメリカは45.8％、中国は25.9％であった。逆に多いのは「教科書に従ってその内容を覚える」は「ほとんど＋半分以上」が日本91.2％、「きちんとノートをとる」は同じく79.4％で他に比べてかなり多い[1]。

　一方、教師の授業方法にも課題がみられる。中学校の理科の調査であるが、「生徒の意見の発表」や「グループの活動」を授業で取り入れている割合として、「ほとんど行わない」「1割くらいの授業で行う」「2～3割の授業で行う」教師の合計が、3割程度みられたのである。ただ、アクティブな授業を心がけている教師も4割程度いてバラツキがみられた[2]。

つまり、教師の授業観が子供の「学びに向かう力」の形成に大きな影響を与えるのである。以前ベネッセが調査したものであるが、「よい勉強の仕方を知りたい」と考える子供は半数前後みられたのである。これは何を意味するかといえば、教師は毎時間授業を行っているにもかかわらず、「よい勉強の仕方」を教えていないということである。学習内容の理解も大切だが、特に重視したいのは個々の子供の「学びに向かう力」の獲得である。それは遠い将来のことではなく、今学んでいる課題追究が次の新たな課題追究に生かすことである。
　このように授業の在り方については、なお多様な課題がみられる。そうした課題をどう乗り越え、授業を適切にどう創り変えるかが教師の大きな役割である。

❷ 最適な授業を目指して

(1) 授業をどう構想するか

　教師はよい授業を目指すことがミッションである。そのよい授業は、子供が積極的に学習課題に取り組み、学級の仲間と協働しながら課題解決を目指す姿である。新学習指導要領は、そのことを端的に「主体的・対話的で深い学び」と述べている。
　しかし、「主体的・対話的で深い学び」は重要だが、それだけで授業が成立するのではない。「何を学ぶか」という学習課題や対象があって授業が成立する。また、子供主体の学習活動を組み入れると、そのための時間が増加して授業時数が足りなくなる。単元全体の学習過程を効果的に展開して「深い学び」へ導くことが大切である。
　これからの教師に必要になるのは、カリキュラム・マネジメント力で

ある。「何を学ぶか」「どう学ぶか」「何を身に付けるか」などを適切にカリキュラムに反映させる力が必要である。

そのために次のような手順を考える。

① 各教科等にはそれぞれ固有の「見方・考え方」が示されているだけでなく、モデル的な学習過程が考えられている。そこで単元の課題に即して学習過程を構想する場合の参考にする。学習には「何を学ぶか」という価値のある学習対象の選択とともに、「どう学ぶか」という適切な学習過程が必要である。

② 次いで、教科等の学習過程の構想について「主体的・対話的で深い学び」の視点から再吟味する。子供が主体的に取り組めるか、対話による協働の学びの設定が十分か、さらに深い学びが構想されているか、という視点で単元全体の流れを再構成する。単元全体の導入、協働して取り組む場、課題解決の流れ、振り返りなど、学習過程にメリハリをつけて子供の学習意欲を最後まで持続させる。

③ また、子供が学んで得た「力」の形成として、よい学び方を身に付けることが重要である。さらに、教科等を越えてすべての学習の基礎として育まれることが大切な資質・能力として、言語能力や情報活用能力、問題解決能力などを、必要に応じて適切に単元の学習に組み込むことが大切である。単元全体を通して「学びに向かう力」の形成について十分留意する。

(2) 生活基盤や学習基盤をきちんとする

授業展開を子供主体に考える場合、十分に留意したいことがある。例えば、家でテレビを見過ぎたり、スマホにはまり過ぎたり、夜更ししたり、朝食を食べて来なかった子供は、授業への参加態度が悪く、学習の理解度も低くなることである。

全国学力・学習状況調査をみても、生活基盤や学習基盤がよくない子供の学力は低い、という結果が示されている。子供が毎日の生活を自己コントロールでき、宿題のみでなく自分で選んだ課題を自学自習できる学習習慣をきちんと身に付けることが大切である。

　そのような子供の学習態度が授業に反映される。子供が、復習のみでなく、授業に関わる学習内容を予習して授業に参加すれば、自分の考えを明確にして仲間との話し合いができ、学習内容の理解も促進する。授業が活性化し、楽しくなる。教師は、授業のみでなく、子供の生活の在り方、学習習慣の形成に十分留意し、指導すべきである。

(3)　やり抜く力など非認知能力を高める

　ところで、これまで我が国の教育は学力向上が中心的な課題であったが、最近いわれはじめたこととして「非認知能力」の形成の大切さがある。例えば、アメリカの研究として、所得の低い層の子供でも、その子がやり抜く力をもてば社会的に成功する可能性が高いとされている。子供の成長には、学力や記憶力、IQなどの認知能力よりも、目標に向かってやり抜く力や忍耐力、仲間との協調性や思いやりなどの非認知能力が大きな影響をもつとされる。そうした考えが最近、急速に広まりはじめている。

　つまり、授業は単に学力向上のみを目指すのではない。一人一人が課題や目標に向かってやり抜く態度を形成することが大切である。そのためには、「できた・わかった」という結果の評価のみではなく、学ぶプロセスにおいて、「ほめる」「認める」「励ます」「アドバイスする」などの教師の言葉かけが大切である。また、非認知能力の形成として、特別活動の多様な行事や学級経営との関連を大切にする。子供それぞれが個性を十分発揮できる場、楽しく充実感をもって学習活動に取り組める場

を豊かに用意することに心がけたい。

❸ 教師力アップを日常の課題とする

最後に教師が日常的に心がけたいことを述べたい。
① 明るさを大切にする
　いつも明るく振る舞える教師でありたい。つまり、ネアカの教師である。子供は毎日登校するが、すべて明るい表情ではない。親に叱られた、ぐずぐずして気持ちが晴れない、など暗い気持ちの子供もいる。だが、明るい表情の学級担任に出会ったら、心が落ち着き、やる気が出る。
② やる気を高める
　やる気を高めるよう努力する。子供のことではない。自分のことである。一日12時間も働いては気持ちが萎える。疲労が重なると、子供の指導に影響する。そんな自分を自覚して子供と向き合う時間を大切にする。
③ 人間関係を大切にする
　教育の仕事は一人では十分ではない。教師相互の協働が大切である。家庭や地域との連携も重要。そのためには互いを知るためのコミュニケーションを重視し、教育活動を豊かにする。
④ 発想力を重視する
　教育指導はとかくマンネリ化しやすい。面白さや感動が無くなる。学校生活の「よい思い出」を残すためにも、豊かで創造的な教育活動をたくさん生み出したい。発想力や想像力を豊かにするよう、いつも心がけたい。

⑤ 情報や時代の動きに敏感になる

　一人前の教師、教師のプロ、といわれる力を付ける。「愚者は経験に学び、賢者は歴史に学ぶ」という言葉があるが、経験のみに頼る教師は子供からも軽くみられる。教育情報に敏感になれば、頼れる教師になれる。特にこれからの社会は激しく変動すると予測されている。当然、教育も変わる。変わる教育に対応する力を教師として身に付けることこそ重要である。

【注】
1）国立青少年教育振興機構「高校生の勉強と生活に関する意識調査報告書」2017年
2）ベネッセ教育総合研究所「中学校の学習指導に関する実態調査報告書」2014年

メッセージ：これからの授業づくりに向けてⅡ

子供の「はてな？」を生み出す授業

帝京大学教職大学院教授

向 山 行 雄

❶ 新学習指導要領「総則」が示す児童生徒の資質・能力

(1) 生きる力の育成を目指して

　新学習指導要領の「総則」（以下、「総則」という）第1の2(1)において、生きる力を育むための内容が次のように示されている。

> 　基礎的・基本的な知識及び技能を確実に習得させ、これらを活用して課題を解決するために必要な思考力、判断力、表現力等を育むとともに、主体的に学習に取り組む態度を養い、個性を生かし多様な人々との協働を促す教育の充実に努めること。

　これは学校教育法第30条2項に示す「学力」の3要素を述べたものである。ここで述べている資質・能力について、総則の第1の3において、育成すべき内容として次のように整理している。

> (1) 知識及び思考が習得されるようにすること

> (2) 思考力、判断力、表現力等を育成すること
> (3) 学びに向かう力、人間性等を涵養すること

(2)「学びの地図」と学習指導要領の枠組み

　総則が示すこれらの内容は、中教審答申における「学びの地図」としての学習指導要領の枠組みの見直しを受けたものである。中教審答申では、以下の6項目の内容で学習指導要領の枠組みを考えていくとした。

> (1) 何ができるようになるか（育成を目指す資質・能力）
> (2) 何を学ぶか（教科等を学ぶ意義と、教科等間・学校段階間のつながりを踏まえた教育課程の編成）
> (3) どのように学ぶか（各教科等の指導計画の作成と実施、学習・指導の改善、充実）
> (4) 子供一人一人の発達をどのように支援するか（子供の発達を踏まえた指導）
> (5) 何が身に付いたか（学習評価の充実）
> (6) 実施するために何が必要か（学習指導要領等の理念を実現するために必要な方策）

2 新学習指導要領と教員に必要な資質・能力

(1) カリキュラム・マネジメントのとらえ方

　これからの教員に必要な能力は、前述した6項目の内容を具現化して

第11章
メッセージ：これからの授業づくりに向けて

いく力である。その際、「カリキュラム・マネジメント」というキーワードに着目する必要がある。

中教審答申では、前述した事項を具現化するために、各学校が家庭や地域と連携・協働しながら教育活動を進めるように求めている。その際、次のような「カリキュラム・マネジメント」の視点が大切だとしている。

---

① 各教科等の教育内容を相互の関係で捉え、学校教育目標を踏まえた教科等横断的な視点で、その目標の達成に必要な教育の内容を組織的に配列していくこと
② 教育内容の質の向上に向けて、子供たちの姿や地域の現状等に関する調査や各種データ等に基づき、教育課程を編成し、実施し、評価して改善を図る一連のPDCAサイクルを確立すること
③ 教育内容と、教育活動に必要な人的・物的資源等を、地域等の外部の資源も含めて活用しながら効果的に組み合わせること

ここで指摘している事項を、総則の6項目の順位で並べ替えると、次のようになる。

②の「子供や地域の実態の把握」
①の「教科等横断的な視点」
②の「教育課程の編成・実施・評価」
②の「教育課程の改善」
③の「人的又は物的な体制を確保」
②の「教育内容の質の向上」

(2) 新学習指導要領の実現と教員に必要な資質・能力

中教審答申では、学習指導要領の理念を実現するために、教員には次のような資質・能力が必要であると述べている。

> これからの教員には、学級経営や児童生徒理解等に必要な力に加え、教科等を越えた「カリキュラム・マネジメント」の実現や、「主体的・対話的で深い学び」を実現するための授業改善や教材研究、学習評価の改善・充実などに必要な力等が求められる。

この部分を整理すると、次の項目になる。
① 学級経営力
② 児童理解の力
③ 「カリキュラム・マネジメント」を実現する力
④ 「主体的・対話的で深い学び」を実現するための授業改善をする力
⑤ 上記と同様のための教材研究の力
⑥ 上記と同様のための学習評価の改善・充実をする力

❸ これからの授業づくりをどう志向するか

(1) これからの授業づくりに必要な資質

前述したように、中教審答申では、これからの教員に必要な6項目の資質が記されている。

それらのうち、「学級経営力」や「児童理解力」は、現行学習指導要領「総則」の「第4　指導計画の作成等に当たって配慮すべき事項」2

第11章
メッセージ：これからの授業づくりに向けて

(3)において、「日ごろから学級経営の充実を図り、教師と児童の信頼関係及び児童相互の好ましい人間関係を育てるとともに児童理解を深め、生徒指導の充実を図ること」と記されている。

したがって、これらの事項についてはこれまでと同様に、継続して行うことが大切である。

新学習指導要領で新たに求めているのは、端的に言えば「カリキュラム・マネジメント」と「主体的・対話的で・深い学び」である。この2項目を実現するための方略が、これからの教員に期待されている。

(2) 授業づくりと「カリキュラム・マネジメント」

「カリキュラム・マネジメント」とは、教育課程編成の〈業務〉である。児童生徒に「何を」「いつ」「どのように」授業するかを構想し実施していく〈業務〉である。教員の最も中核的で重要な仕事である。

教育課程は、授業づくりでは「時間割編成」という作業で、具現化される。その時間割をもとに、子供に対して授業が施される。

2017年2月に公表された、文科省「小学校におけるカリキュラム・マネジメントの在り方に関する検討会議　報告書」では、新教育課程における時間割編成の基本的な考え方について、次のように述べている。

- ○　学びの質の向上という観点から、時間割について見直すべき点があるかどうか再検討する
- ○　教育内容と時間をどう効果的に組み合わせれば主体的・対話的で深い学びになるか創意工夫を重ねていく
- ○　弾力的な授業時間の組み合わせも、学びの質の向上の工夫の一つとして検討されることが重要である
- ○　45分の標準的な時間についても、その位置付けや指導の配分や

> 　工夫が考えられるか不断に研究を重ねていく
> ○　教育課程内と教育課程外の学校教育活動の時間をどのように組み合わせて、子供たちの生活時間を有意義なものにしていくか〔検討する〕

　これからの授業づくりでは、上記の視点で自校の「カリキュラム・マネジメント」の状況を評価・改善していくことが大切である。

(3) 「主体的・対話的で深い学び」を実現する授業づくり

　「主体的・対話的で深い学び」を実現するためには、子供に「はてな？」を生み出す良質な学習問題が必要である。

　子供は、「どうしてだろう？」「何でだろう？」「どうしてこうなるのだろう？」という〈問い〉を抱いたときに、それを追求するエネルギーが喚起される。

　「はてな？」という疑問を抱いたときに、子供はその疑問を解決するために「調べる」という行動を起こす。書物で調べたりPCで検索したり「主体的な学び」をする。時には、友人の考えを聞いたり、自分自身で省察したり「対話的な学び」をするようになる。そして、「はてな？」の追求のために、じっくりと思考する「深い学び」を実現する。

　これからの時代には、新学習指導要領の考え方を実現するために次のような手立てが必要である。

①　**「はてな？」を生み出すための教材研究や教材分析**
　　教材研究・教材分析には3段階ある。1段階目は、既成の指導計画に基づいて教材研究・教材分析をする。2段階目は、教師の創意工夫で教材研究・教材分析をする。3段階目は、子供のフィルターを通した教材研究・教材分析をする。

第11章
メッセージ：これからの授業づくりに向けて

　　子供の「フィルターを通す」ということは、自学級にいる児童が実際に動き出すかどうかという視点で構想するということである。
② 「深い学び」を実現するための授業構成の工夫
　　「深い学び」を実現するためには、1単位時間の後半の授業過程で十全な時間を確保することが大切である。しかし現実の授業では、導入段階で必要以上に時間がかかり、終末段階が急ぎ足になることが多い。そのため、「深い学び」に至らず尻切れトンボになる授業も散見される。
　　そこで、「授業の3S」に努め、「深い学び」を実現する。「授業の3S」とは、スリム・シンプル・シャープである。ぜい肉を落としスリムな導入にする。学習問題がシンプルで、追求しやすいものにする。終末段階で子供がシャープに考える「深い学び」を実現する。
③ 授業記録による「深い学び」の実現状況の分析
　　「主体的・対話的で深い学び」が実現できたか評価することは、かなり難しい活動である。これまでの授業参観のように、指導案にざくっとメモした記録を基にした授業研究では、正当な評価は難しい。
　　これまで以上に、その授業を克明にメモして、子供の発話や行動、作品などから、「学び」の様子を分析することが大切である。
④ 単元を通した「育成すべき資質・能力」の学習評価
　　新学習指導要領では、前述したように「育成すべき資質・能力」を三つの柱で整理している。一つの単元が終了したら、その柱で、どのような資質・能力が身に付いたかを評価する。
⑤ 児童理解や学級経営と授業づくりについての省察〔リフレクション〕
　　授業づくりを進めるうえで、定期的に児童の学習状況や発達段階、興味関心などについても省察〔リフレクション〕する。また、学級の子供相互の人間関係、教師と子供の関係などについても振り返り、「深い学び」を実現するための学習環境整備に心がける。

幼稚園、小学校、中学校、高等学校及び特別支援学校の学習指導要領等の改善及び必要な方策等について(答申)〔抜粋〕

平成28年12月21日
中央教育審議会

第1部　学習指導要領等改訂の基本的な方向性

第5章　何ができるようになるか―育成を目指す資質・能力―

○　本章以下第10章まで順次、第4章2.（1）に掲げた①～⑥に沿った具体的な改善の方向性を示すこととする。

1．育成を目指す資質・能力についての基本的な考え方

○　育成を目指す資質・能力の具体例については、様々な提案がなされており、社会の変化とともにその数は増えていく傾向にある。国内外の幅広い学術研究の成果や教育実践の蓄積を踏まえ、そうした数多くの資質・能力についての考え方を分析してみると、以下のように大別できる。
 ・　例えば国語力、数学力などのように、伝統的な教科等の枠組みを踏まえながら、社会の中で活用できる力としての在り方について論じているもの。
 ・　例えば言語能力や情報活用能力などのように、教科等を越えた全ての学習の基盤として育まれ活用される力について論じているもの。
 ・　例えば安全で安心な社会づくりのために必要な力や、自然環境の有限性の中で持続可能な社会をつくるための力などのように、今後の社会の在り方を踏まえて、子供たちが現代的な諸課題に対応できるようになるために必要な力の在り方について論じているもの。

○　教育課程とは、学校教育を通じて育てたい姿に照らしながら、必要となる資質・能力を、一人一人の子供にいわば全人的に育んでいくための枠組みであり、

特定の教科等や課題のみに焦点化した学習プログラムを提供するものではない。したがって、資質・能力の在り方については、前述いずれかの特定の考え方に基づいて議論するのではなく、全てを視野に入れて必要な資質・能力が確実に育まれるように議論し、それを教育課程の枠組みの中で実現できるようにしていくことが必要となる。

○ 前述のように大別した資質・能力を、教育課程を通じてどのように育むことができるかという観点からは、それぞれ以下のような課題がある。

・ 各教科等で学んだことが、一人一人のキャリア形成やよりよい社会づくりにどのように生かされるかを見据えながら、各教科等を学ぶ意義を明確にし、各教科等において育む資質・能力を明確にすること。

・ 全ての学習の基盤として育まれ活用される資質・能力と教科等の関係を明確にし、言語活動やICTを活用した学習活動等といった、教科等の枠を越えて共通に行う学習活動を重視し、教育課程全体を見渡して確実に育んでいくこと。

・ 現代的な諸課題に対応して求められる資質・能力と教科等の関係を明確にし、どの教科等におけるどのような内容に関する学びが資質・能力の育成につながるのかを可視化し、教育課程全体を見渡して確実に育んでいくこと。

○ こうした課題を乗り越えて、資質・能力を育んでいくには、全ての資質・能力に共通し、その資質・能力を高めていくために重要となる要素とは何かを明らかにし、その要素を基に、教科等と教育課程全体の関係や、教育課程に基づく教育と資質・能力の育成の間をつなぐことによって、求められる資質・能力を教育課程の中で計画的に整理し、体系的に育んでいくことができるようにする必要がある。

2．資質・能力の三つの柱に基づく教育課程の枠組みの整理
（資質・能力の三つの柱）

○ 全ての資質・能力に共通し、それらを高めていくために重要となる要素は、教科等や直面する課題の分野を越えて、学習指導要領等の改訂に基づく新しい教育課程に共通する重要な骨組みとして機能するものである。こうした骨組みに基づき、教科等と教育課程全体のつながりや、教育課程と資質・能力の関係を明らかにし、子供たちが未来を切り拓いていくために必要な資質・能力を確実に身に付けられるようにすることが重要である。

○ 海外の事例や、カリキュラムに関する先行研究等に関する分析によれば、資

資　料

質・能力に共通する要素は、知識に関するもの、スキルに関するもの、情意（人間性など）に関するものの三つに大き分類されている。前述の三要素は、学校教育法第30条第2項が定める学校教育において重視すべき三要素（「知識・技能」「思考力・判断力・表現力等」「主体的に学習に取り組む態度」）とも大きく共通している。

○　これら三要素を議論の出発点としながら、学習する子供の視点に立ち、育成を目指す資質・能力の要素について議論を重ねてきた成果を、以下の資質・能力の三つの柱として整理した。この資質・能力の三つの柱は、2030年に向けた教育の在り方に関するOECDにおける概念的枠組みや、本年5月に開催されたG7倉敷教育大臣会合における共同宣言に盛り込まれるなど、国際的にも共有されているところである。

①　「何を理解しているか、何ができるか（生きて働く「知識・技能」の習得）」

　　各教科等において習得する知識や技能であるが、個別の事実的な知識のみを指すものではなく、それらが相互に関連付けられ、さらに社会の中で生きて働く知識となるものを含むものである。

　　例えば、"何年にこうした出来事が起きた"という歴史上の事実的な知識は、"その出来事はなぜ起こったのか"や"その出来事がどのような影響を及ぼしたのか"を追究する学習の過程を通じて、当時の社会や現代に持つ意味などを含め、知識相互がつながり関連付けられながら習得されていく。それは、各教科等の本質を深く理解するために不可欠となる主要な概念の習得につながるものである。そして、そうした概念が、現代の社会生活にどう関わってくるかを考えていけるようにするための指導も重要である。基礎的・基本的な知識を着実に習得しながら、既存の知識と関連付けたり組み合わせたりしていくことにより、学習内容（特に主要な概念に関するもの）の深い理解と、個別の知識の定着を図るとともに、社会における様々な場面で活用できる概念としていくことが重要となる。

　　技能についても同様に、一定の手順や段階を追って身に付く個別の技能のみならず、獲得した個別の技能が自分の経験や他の技能と関連付けられ、変化する状況や課題に応じて主体的に活用できる技能として習熟・熟達していくということが重要である。例えば、走り幅跳びにおける走る・跳ぶ・着地するなど種目特有の基本的な技能は、それらを段階的に習得してつなげるようにするの

みならず、類似の動きへの変換や他種目の動きにつなげることができるような気付きを促すことにより、生涯にわたる豊かなスポーツライフの中で主体的に活用できる習熟した技能として習得されることになる。

こうした視点に立てば、長期的な視野で学習を組み立てていくことが極めて重要となる。知識や技能は、思考・判断・表現を通じて習得されたり、その過程で活用されたりするものであり、また、社会との関わりや人生の見通しの基盤ともなる。このように、資質・能力の三つの柱は相互に関係し合いながら育成されるものであり、資質・能力の育成は知識の質や量に支えられていることに留意が必要である。こうした学びや知識等に関する考え方は、芸術やスポーツ等の分野についても当てはまるものであり、これらの分野における知識とは何かということも、第2部の各教科等に関するまとめにおいて整理している。

② 「理解していること・できることをどう使うか（未知の状況にも対応できる「思考力・判断力・表現力等」の育成）」

将来の予測が困難な社会の中でも、未来を切り拓いていくために必要な思考力・判断力・表現力等である。思考・判断・表現の過程には、大きく分類して以下の三つがあると考えられる。

・ 物事の中から問題を見いだし、その問題を定義し解決の方向性を決定し、解決方法を探して計画を立て、結果を予測しながら実行し、振り返って次の問題発見・解決につなげていく過程
・ 精査した情報を基に自分の考えを形成し、文章や発話によって表現したり、目的や場面、状況等に応じて互いの考えを適切に伝え合い、多様な考えを理解したり、集団としての考えを形成したりしていく過程
・ 思いや考えを基に構想し、意味や価値を創造していく過程

③ 「どのように社会・世界と関わり、よりよい人生を送るか（学びを人生や社会に生かそうとする「学びに向かう力・人間性等」の涵養）」

前述の①及び②の資質・能力を、どのような方向性で働かせていくかを決定付ける重要な要素であり、以下のような情意や態度等に関わるものが含まれる。こうした情意や態度等を育んでいくためには、体験活動も含め、社会や世界との関わりの中で、学んだことの意義を実感できるような学習活動を充実させていくことが重要となる。

・ 主体的に学習に取り組む態度も含めた学びに向かう力や、自己の感情や行

資　料

動を統制する能力、自らの思考の過程等を客観的にとらえる力など、いわゆる「メタ認知」に関するもの。一人一人が幸福な人生を自ら創り出していくためには、情意面や態度面について、自己の感情や行動を統制する力や、よりよい生活や人間関係を自主的に形成する態度等を育むことが求められる。こうした力は、将来における社会的な不適応を予防し保護要因を高め、社会を生き抜く力につながるという観点からも重要である。
・　多様性を尊重する態度と互いのよさを生かして協働する力、持続可能な社会づくりに向けた態度、リーダーシップやチームワーク、感性、優しさや思いやりなど、人間性等に関するもの。

（資質・能力の三つの柱に基づく教育課程の枠組みの整理）

○　この資質・能力の三つの柱は、本章3．において述べる各教科等において育む資質・能力や、4．において述べる教科等を越えた全ての学習の基盤として育まれ活用される資質・能力、5．において述べる現代的な諸課題に対応して求められる資質・能力の全てに共通する要素である。教科等と教育課程全体の関係や、教育課程に基づく教育と資質・能力の育成の間をつなぎ、求められる資質・能力を確実に育むことができるよう、育成を目指す資質・能力はこの三つの柱で整理するとともに、教科等の目標や内容についても、この三つの柱に基づく再整理を図ることとする。

○　教育課程には、発達に応じて、これら三つをそれぞれバランス良く膨らませながら、子供たちが大きく成長していけるようにする役割が期待されている。

（各学校が育成を目指す資質・能力の具体化）

○　こうした枠組みを踏まえ、教育課程全体を通じてどのような資質・能力の育成を目指すのかは、各学校の学校教育目標等として具体化されることになる。こうした学校教育目標等は、前述した「カリキュラム・マネジメント」の中心となるものである。学習指導要領等が、教育の根幹と時代の変化という「不易と流行」を踏まえて改善が図られるように、学校教育目標等についても、同様の視点から、学校や地域が作り上げてきた文化を受け継ぎつつ、子供たちや地域の変化を受け止めた不断の見直しや具体化が求められる。特に「学びに向かう力・人間性等」については、各学校が子供の姿や地域の実情を踏まえて、何をどのように重視するかなどの観点から明確化していくことが重要である。

○　各学校においては、資質・能力の三つの柱に基づき再整理された学習指導要領

等を手掛かりに、「カリキュラム・マネジメント」の中で、学校教育目標や学校として育成を目指す資質・能力を明確にし、家庭や地域とも共有しながら、教育課程を編成していくことが求められる。

3．教科等を学ぶ意義の明確化
（各教科等において育まれる資質・能力と教育課程全体の枠組み）
○　子供たちに必要な資質・能力を育んでいくためには、各教科等での学びが、一人一人のキャリア形成やよりよい社会づくりにどのようにつながっているのかを見据えながら、各教科等をなぜ学ぶのか、それを通じてどういった力が身に付くのかという、教科等を学ぶ本質的な意義を明確にすることが必要になる。
○　こうした各教科等の意義が明確になることにより、教科等と教育課程全体の関係付けや、教科等横断的に育まれる資質・能力との関係付けが容易となり、教育課程をどのように工夫・改善すれば子供たちの資質・能力の育成につながるのかという、教科等を越えた教職員の連携にもつながる。
○　資質・能力の三つの柱に照らしてみると、教科等における学習は、知識・技能のみならず、それぞれの体系に応じた思考力・判断力・表現力等や学びに向かう力・人間性等を、それぞれの教科等の文脈に応じて、内容的に関連が深く子供たちの学習対象としやすい内容事項と関連付けながら育むという、重要な役割を有している。
○　ただし、各教科等で育まれた力を、当該教科等における文脈以外の、実社会の様々な場面で活用できる汎用的な能力に更に育てたり、教科等横断的に育む資質・能力の育成につなげたりしていくためには、学んだことを、教科等の枠を越えて活用していく場面が必要となり、そうした学びを実現する教育課程全体の枠組みが必要になる。
○　正にそのための重要な枠組みが、各教科等間の内容事項について相互の関連付けを行う全体計画の作成や、教科等横断的な学びを行う総合的な学習の時間や特別活動、高等学校の専門学科における課題研究の設定などである。このように、教育課程において、教科学習と教科等横断的な学習との双方が位置付けられていることは、我が国のカリキュラムが国際的に評価される点の一つでもある。
○　こうした教育課程の枠組みやそれに基づく教育活動を、子供たちの資質・能力の育成に生かすためには、本章2．において述べたように、教科等や課題の分野

資　料

を越えて共通する資質・能力の三つの柱を、新しい教育課程を支える重要な骨組みとしながら、教科等と教育課程全体のつながりや、教育課程と資質・能力の関係を見直して明確にし、子供たちに必要な資質・能力の育成を保証する構造にしていくことが求められる。

○　今回の改訂においては、全ての教科等について、この力はこの教科等においてこそ身に付くのだといった、各教科等を学ぶ本質的な意義を捉え直す議論が展開され、各教科等において育成を目指す資質・能力が三つの柱に基づき整理されている。こうした議論は、教科等を越えて、各学校段階や初等中等教育全体で育成することを目指す資質・能力の在り方に関する議論と往還させながら進められてきた。

○　こうした議論の積み重ねを踏まえ、各教科等の教育目標や内容については、第２部において示すとおり、資質・能力の在り方を踏まえた再編成を進めることが必要である。なお、幼稚園教育要領においても、資質・能力の三つの柱について幼児教育の特質を踏まえた整理を行い、「健康」「人間関係」「環境」「言葉」「表現」という現在の領域構成を引き継ぎつつ、内容の見直しを資質・能力の三つの柱に沿って図ることが求められる。

（各教科等の特質に応じた「見方・考え方」）

○　子供たちは、各教科等における習得・活用・探究という学びの過程において、各教科等で習得した概念（知識）を活用したり、身に付けた思考力を発揮させたりしながら、知識を相互に関連付けてより深く理解したり、情報を精査して考えを形成したり、問題を見いだして解決策を考えたり、思いや考えを基に創造したりすることに向かう。こうした学びを通じて、資質・能力がさらに伸ばされたり、新たな資質・能力が育まれたりしていく。

○　その過程においては、"どのような視点で物事を捉え、どのような考え方で思考していくのか"という、物事を捉える視点や考え方も鍛えられていく。こうした視点や考え方には、教科等それぞれの学習の特質が表れるところであり、例えば算数・数学科においては、事象を数量や図形及びそれらの関係などに着目して捉え、論理的、統合的・発展的に考えること、国語科においては、対象と言葉、言葉と言葉の関係を、言葉の意味、働き、使い方等に着目して捉え、その関係性を問い直して意味付けることなどと整理できる。

○　こうした各教科等の特質に応じた物事を捉える視点や考え方が「見方・考え方」

であり、各教科等の学習の中で働くだけではなく、大人になって生活していくに当たっても重要な働きをするものとなる。私たちが社会生活の中で、データを見ながら考えたり、アイディアを言葉で表現したりする時には、学校教育を通じて身に付けた「数学的な見方・考え方」や、「言葉による見方・考え方」が働いている。各教科等の学びの中で鍛えられた「見方・考え方」を働かせながら、世の中の様々な物事を理解し思考し、よりよい社会や自らの人生を創り出していると考えられる。
○　「見方・考え方」を支えているのは、各教科等の学習において身に付けた資質・能力の三つの柱である。各教科等で身に付けた知識・技能を活用したり、思考力・判断力・表現力等や学びに向かう力・人間性等を発揮させたりして、学習の対象となる物事を捉え思考することにより、各教科等の特質に応じた物事を捉える視点や考え方も、豊かで確かなものになっていく。物事を理解するために考えたり、具体的な課題について探究したりするに当たって、思考や探究に必要な道具や手段として資質・能力の三つの柱が活用・発揮され、その過程で鍛えられていくのが「見方・考え方」であるといえよう。
○　前述のとおり、「見方・考え方」には教科等ごとの特質があり、各教科等を学ぶ本質的な意義の中核をなすものとして、教科等の教育と社会をつなぐものである。子供たちが学習や人生において「見方・考え方」を自在に働かせられるようにすることにこそ、教員の専門性が発揮されることが求められる。
○　学習指導要領においては、長年、見方や考え方といった用語が用いられてきているが、その内容については必ずしも具体的に説明されてはこなかった。今回の改訂においては、これまで述べたような観点から各教科等における「見方・考え方」とはどういったものかを改めて明らかにし、それを軸とした授業改善の取組を活性化しようとするものである。

4．教科等を越えた全ての学習の基盤として育まれ活用される資質・能力

○　私たちは生涯にわたって学び続け、その成果を人生や社会の在り方に反映していく。そうした学びの本質を踏まえ、学習の基盤を支えるために必要な力とは何かを教科等を越えた視点で捉え、育んでいくことが重要となる。
○　様々な情報を理解して考えを形成し、文章等により表現していくために必要な読解力は、学習の基盤として時代を超えて常に重要なものであり、これからの時

資　料

　代においてもその重要性が変わることはない。第１章において指摘したように、情報化の進展の中でますます高まる読解力の重要性とは裏腹に、子供たちが教科書の文章すら読み解けていないのでないかとの問題提起もあるところであり、全ての学習の基盤となる言語能力の育成を重視することが求められる。
○　また、急速に情報化が進展する社会の中で、情報や情報手段を主体的に選択し活用していくために必要な情報活用能力、物事を多面的・多角的に吟味し見定めていく力（いわゆる「クリティカル・シンキング」）、統計的な分析に基づき判断する力、問題を見いだし解決に向けて思考するために必要な知識やスキル（問題発見・解決能力）などを、各学校段階を通じて体系的に育んでいくことの重要性は高まっていると考えられる。
○　加えて、これまで全ての教科等において重視されてきている体験活動や協働的な学習、見通しや振り返りといった学習活動も、それらを通じて、学習を充実させ社会生活で生きる重要な資質・能力が育まれているということを捉え直しながら、更なる充実を図っていくことが求められる。
○　このような、教科等の枠を越えて全ての学習の基盤として育まれ活用される資質・能力についても、資質・能力の三つの柱に沿って整理し、教科等の関係や、教科等の枠を越えて共通に重視すべき学習活動との関係を明確にし、教育課程全体を見渡して組織的に取り組み、確実に育んでいくことができるようにすることが重要である。
○　ここでは例示的に、言語能力と情報活用能力について整理するが、その他の資質・能力についても、同様の整理を行い、学習指導要領等や解説に反映させていくことが求められる。

（言語能力の育成）
○　子供は、乳幼児期から身近な人との関わりや生活の中で言葉を獲得していき、発達段階に応じた適切な環境の中で、言語を通じて新たな情報を得たり、思考・判断・表現したり、他者と関わったりする力を獲得していく。教科書や教員の説明、様々な資料等から新たな知識を得たり、事象を観察して必要な情報を取り出したり、自分の考えをまとめたり、友達の思いを受け止めながら自分の思いを伝えたり、学級で目的を共有して協働したりすることができるのも、言葉の役割に負うところが大きい。
○　このように、言葉は、学校という場において子供が行う学習活動を支える重要

な役割を果たすものであり、全ての教科等における資質・能力の育成や学習の基盤となるものである。したがって、言語能力の向上は、学校における学びの質や、教育課程全体における資質・能力の育成の在り方に関わる課題であり、第1章において述べたように、文章で表された情報の的確な理解に課題があると指摘される中、ますます重視していく必要がある。

○　こうした言語能力の具体的な内容は、別紙2-1のとおり整理できる。特に、「思考力・判断力・表現力等」や「学びに向かう力・人間性等」を整理するに当たっては、「創造的・論理的思考」、「感性・情緒」、「他者とのコミュニケーション」の言語能力の三つの側面から言語能力を構成する資質・能力を捉えている。

○　このように整理された資質・能力を、それが働く過程、つまり、私たちが認識した情報を基に思考し、思考したものを表現していく過程に沿って整理すると、別紙2-2のとおりとなる。①テクスト（情報）を理解するための力が「認識から思考へ」の過程の中で、②文章や発話により表現するための力が「思考から表現へ」の過程の中で働いている。

○　言語能力は、こうした言語能力が働く過程を、発達段階に応じた適切な言語活動を通じて繰り返すことによって育まれる。言語活動については、現行の学習指導要領の下、全ての教科等において重視し、その充実を図ってきたところであるが、今後、全ての教科等の学習の基盤である言語能力を向上させる観点から、より一層の充実を図ることが必要不可欠である。

○　特に言葉を直接の学習対象とする国語教育及び外国語教育の果たすべき役割は極めて大きい。言語能力を構成する資質・能力やそれらが働く過程、育成の在り方を踏まえながら、国語教育及び外国語教育それぞれにおいて、発達の段階に応じて育成を目指す資質・能力を明確にし、言語活動を通じた改善・充実を図ることが重要である。

○　加えて、国語教育と外国語教育は、学習の対象となる言語は異なるが、ともに言語能力の向上を目指すものであるため、共通する指導内容や指導方法を扱う場面がある。別紙2-3のとおり、学習指導要領等に示す指導内容を適切に連携させたり、各学校において指導内容や指導方法等を効果的に連携させたりすることによって、外国語教育を通じて国語の特徴に気付いたり、国語教育を通じて外国語の特徴に気付いたりするなど、言葉の働きや仕組みなどの言語としての共通性や固有の特徴への気付きを促すことを通じて相乗効果を生み出し、言語能力の効

資　料

果的な育成につなげていくことが重要である。
○　また、読書は、多くの語彙や多様な表現を通して様々な世界に触れ、これを疑似的に体験したり知識を獲得したりして、新たな考え方に出会うことを可能にする。このため、言語能力を向上させる重要な活動の一つとして、各学校段階において、読書活動の充実を図っていくことが必要である。
○　こうした方向性や、第1章において述べた読解力に関する喫緊の課題を踏まえ、国においては、読解力を支える語彙力の強化や、文章の構造と内容の把握、文章を基にした考えの形成など、文章を読むプロセスに着目した学習の充実、情報活用に関する指導の充実、コンピュータを活用した指導への対応など、学習指導要領の改訂による国語教育の改善・充実を図っていくことが求められる。あわせて、子供たちの読解力の現状に関するより詳細な分析を通じて課題等を明確にすることや、言語能力の向上に向けた実践的な調査研究を行う地域を指定し具体的な指導改善の方法を蓄積すること、諸外国における取組状況を把握・分析したりすることなどより、読解力の向上の取組を支える基盤を整えていくことも重要である。
○　こうした改善・充実を踏まえ、学習評価や高等学校・大学の入学者選抜においても、言語活動を通じて身に付いた資質・能力を評価していくようにすることが重要である。

（情報活用能力（情報技術を手段として活用する力を含む）の育成）
○　情報活用能力とは、世の中の様々な事象を情報とその結び付きとして捉えて把握し、情報及び情報技術を適切かつ効果的に活用して、問題を発見・解決したり自分の考えを形成したりしていくために必要な資質・能力のことである。
○　将来の予測が難しい社会においては、情報や情報技術を受け身で捉えるのではなく、手段として活用していく力が求められる。未来を拓いていく子供たちには、情報を主体的に捉えながら、何が重要かを主体的に考え、見いだした情報を活用しながら他者と協働し、新たな価値の創造に挑んでいくことがますます重要になってくる。
○　また、情報化が急速に進展し、身の回りのものに情報技術が活用されていたり、日々の情報収集や身近な人との情報のやりとり、生活上必要な手続など、日常生活における営みを、情報技術を通じて行ったりすることが当たり前の世の中となってきている。情報技術は今後、私たちの生活にますます身近なものとなっ

ていくと考えられ、情報技術を手段として活用していくことができるようにしていくことも重要である。
○ 加えて、スマートフォンやソーシャル・ネットワーキング・サービス（以下「SNS」という。）が急速に普及し、これらの利用を巡るトラブルなども増大している。子供たちには、情報技術が急速に進化していく時代にふさわしい情報モラルを身に付けていく必要がある。
○ こうした情報活用能力については、これまで「情報活用の実践力」「情報の科学的な理解」「情報社会に参画する態度」の3観点と8要素に整理されてきているが、今後、教育課程を通じて体系的に育んでいくため、別紙3-1のとおり、資質・能力の三つの柱に沿って再整理した。
○ 情報技術の基本的な操作については、インターネットを通じて情報を得たり、文章の作成や編集にアプリケーションを活用したり、メールやSNSを通じて情報を共有することが社会生活の中で当たり前となっている中で、小学校段階から、文字入力やデータ保存などに関する技能の着実な習得を図っていくことが求められる。
○ また、身近なものにコンピュータが内蔵され、プログラミングの働きにより生活の便利さや豊かさがもたらされていることについて理解し、そうしたプログラミングを、自分の意図した活動に活用していけるようにすることもますます重要になっている。将来どのような職業に就くとしても、時代を超えて普遍的に求められる「プログラミング的思考」などを育むプログラミング教育の実施を、子供たちの生活や教科等の学習と関連付けつつ、発達の段階に応じて位置付けていくことが求められる。その際、小・中・高等学校を見通した学びの過程の中で、「主体的・対話的で深い学び」の実現に資するプログラミング教育とすることが重要である。
○ また、社会生活の中でICTを日常的に活用することが当たり前の世の中となる中で、社会で生きていくために必要な資質・能力を育むためには、学校の生活や学習においても、日常的にICTを活用できる環境を整備していくことが不可欠である。
○ 文部科学省が設置した「2020年代に向けた教育の情報化に関する懇談会」において、次期学習指導要領等の実現に不可欠なICT環境やICT教材の在り方について方向性がまとめられたところである。こうした方向性を踏まえ、国が主導的な

資　料

役割を果たしながら、各自治体における必要な環境整備を加速化していくことを強く要請する。

5．現代的な諸課題に対応して求められる資質・能力

○　第3章において指摘したように、社会を生きるために必要な力である「生きる力」とは何かを、将来の予測が困難となっていく現在とこれからの社会の文脈の中で捉え直し、資質・能力として具体化して教育課程を通じて育んでいくことが、今回の改訂における課題の一つとなっている。

○　こうした、現代的な諸課題に対応して求められる資質・能力としては、以下のようなものが考えられる。

（変化の中に生きる社会的存在として）

○　前述のとおり、社会が成熟社会に移行していく中で、特定の既存組織のこれまでの在り方を前提としてどのように生きるかだけではなく、複雑で変化の激しい社会の中で、様々な情報や出来事を受け止め、主体的に判断しながら、自分を社会の中でどのように位置付け、社会をどう描くかを考え、他者と一緒に生き、課題を解決していくための力がますます重要となる。平和で民主的な国家及び社会の在り方に責任を有する主権者として、また、多様な個性・能力を生かして活躍する自立した人間として、適切な判断・意思決定や公正な世論の形成、政治参加や社会参画、一層多様性が高まる社会における自立と共生に向けた行動を取っていくことが求められる。

○　こうした観点から、主権者として求められる力や、安全・安心な生活や社会づくりに必要な資質・能力を、各学校段階を通じて体系的に育んでいくことの重要性は高まっていると考えられる。

○　また、我が国が、科学技術・学術研究の先進国として、将来にわたり存在感を発揮するとともに成果を広く共有していくためには、子供たちが、卓越した研究や技術革新、技術経営などの新たな価値の創造を担うキャリアに関心を持つことができるよう、理数科目等に関する学習への関心を高め、裾野を広げていくことも重要である。加えて、豊かな感性や想像力等を育むことは、あらゆる創造の源泉となるものであり、芸術系教科等における学習や、美術館や音楽会等を活用した芸術鑑賞活動等を充実させていくことも求められる。

○　あわせて、人は仕事を持つことによって、社会と関わり、社会的な責任を果た

し、生計を維持するとともに、自らの個性を発揮し、自己を実現することができるものである。こうした観点からは、地域や社会における様々な産業の役割を理解し、地域創生等に生かしていこうとする力を身に付けていくことが重要になる。こうした力は、将来の自分自身の進路選択や、職業に従事するために必要な専門性を生涯にわたって獲得していこうとする意欲にもつながるものであり、子供たちの進路や発達の段階に応じた職業教育の充実の基盤となるものである。

(グローバル化する社会の中で)
○ グローバル化する中で世界と向き合うことが求められている我が国においては、自国や他国の言語や文化を理解し、日本人としての美徳やよさを生かしグローバルな視野で活躍するために必要な資質・能力の育成が求められている。前項4．において述べた言語能力を高め、国語で情報を的確に捉えて考えをまとめ表現したりできるようにすることや、外国語を使って多様な人々と目的に応じたコミュニケーションを図れるようにすることが、こうした資質・能力の基盤となる。加えて、古典や歴史、芸術の学習等を通じて、日本人として大切にしてきた文化を積極的に享受し、我が国の伝統や文化を語り継承していけるようにすること、様々な国や地域について学ぶことを通じて、文化や考え方の多様性を理解し、多様な人々と協働していくことができるようにすることなどが重要である。
○ 2020年に開催される東京オリンピック・パラリンピック競技大会も、その開催を契機に、子供たちがスポーツへの関心を高め、「する、みる、支える、知る」などのスポーツとの多様な関わり方を楽しめるようにすることが期待されているが、効果はそれにとどまらない。スポーツを通じて、他者との関わりを学んだり、ルールを守り競い合っていく力を身に付けたりできるようにしていくこと、一つの目標を立ててそれに向かって挑戦し、やり遂げることの意義を実感すること、さらには、多様な国や地域の文化の理解を通じて、多様性の尊重や国際平和に寄与する態度を身に付けたり、ボランティア活動を通じて、他者への共感や思いやりを育んだりしていくことにもつながるものである。
○ また、世界とその中における我が国を広く相互的な視野で捉えながら、社会の中で自ら問題を発見し解決していくことができるようにしていくことも重要となる。国際的に共有されている持続可能な開発目標（SDGs85）なども踏まえつつ、自然環境や資源の有限性、貧困、イノベーションなど、地域や地球規模の諸課題について、子供一人一人が自らの課題として考え、持続可能な社会づくりに

資　料

つなげていく力を育んでいくことが求められる。
(現代的な諸課題に対応して求められる資質・能力と教育課程)
○　このように、現代的な諸課題に対応して求められる資質・能力としては、以下のようなものが考えられる。
　　・健康・安全・食に関する力
　　・主権者として求められる力
　　・新たな価値を生み出す豊かな創造性
　　・グローバル化の中で多様性を尊重するとともに、現在まで受け継がれてきた我が国固有の領土や歴史について理解し、伝統や文化を尊重しつつ、多様な他者と協働しながら目標に向かって挑戦する力
　　・地域や社会における産業の役割を理解し地域創生等に生かす力
　　・自然環境や資源の有限性等の中で持続可能な社会をつくる力
　　・豊かなスポーツライフを実現する力
○　これらが教科等横断的なテーマであることを踏まえ、それを通じてどのような力の育成を目指すのかを資質・能力の三つの柱に沿って明確にし、関係教科等や教育課程全体とのつながりの整理を行い、その育成を図っていくことができるようにすることが求められる。各学校においては、子供の姿や地域の実情を捉え、学校教育目標に照らした重点化を図りながら体系的に育成していくことが重要である。
○　ここでは例示的に、健康・安全・食に関わる資質・能力及び主権者として求められる資質・能力について整理したが、その他の資質・能力についても、同様の整理を行い、学習指導要領等や解説に反映させていくことが求められる。
(健康・安全・食に関する資質・能力)
○　子供たちが心身ともに健やかに育つことは、時代を超えて全ての人々の願いである。子供たちは、学習の場であり生活の場である学校において、他者との関わりを深めつつ、多様な経験を積み重ね、視野を広げ、人生や社会の在り方等について考えながら、心身ともに成長していく。こうした場である学校において、健康で安全な生活を送ることができるようにするとともに、生涯にわたって健康で安全な生活や健全な食生活を送るために必要な資質・能力を育み、安全で安心な社会づくりに貢献することができるようにすることが重要である。
○　１．でも述べたように、とりわけ近年では、情報化社会の進展により、様々な

健康情報や性・薬物等に関する情報の入手が容易になるなど、子供たちを取り巻く環境が大きく変化している。このため、子供たちが、健康情報や性に関する情報等を正しく選択して適切に行動できるようにするとともに、薬物乱用防止等を徹底することが課題となっている。
○ また、食を取り巻く社会環境が変化し、栄養摂取の偏りや朝食欠食といった食習慣の乱れ等に起因する肥満や生活習慣病、食物アレルギー等の健康課題が見られるほか、食品の安全性の確保や食糧自給率向上、食品ロス削減等の食に関わる課題が顕在化している。
○ さらに、東日本大震災をはじめとする様々な自然災害の発生や、情報化やグローバル化等の社会の変化に伴い子供を取り巻く安全に関する環境も変化していることを踏まえ、子供たちが起こりうる危険を理解し、いかなる状況下でも自らの生命を守り抜く自助とともに、自分自身が社会の中で何ができるのかを考える共助・公助の視点からの教育の充実も課題となっている。
○ こうした課題を乗り越え、生涯にわたって健康で安全な生活や健全な食生活を送ることができるよう、必要な情報を自ら収集し、適切な意思決定や行動選択を行うことができる力を子供たち一人一人に育むことが強く求められている。
○ こうした健康・安全・食に関する資質・能力の具体的な内容は、別紙4のとおり整理できる。これらを教科等横断的な視点で育むことができるよう、教科等間相互の連携を図っていくことが重要である。学校保健計画や学校安全計画、食に関する指導の全体計画についても、資質・能力に関する整理を踏まえて作成・評価・改善し、地域や家庭とも連携・協働した実施体制を確保していくことが重要である。
○ また、第8章において述べるように、子供たちの発達を支えるためには、主に集団の場面で、あらかじめ適切な時期・場面に必要な指導・援助を行うガイダンスに加えて、主に個別指導により、個々の子供が抱える課題の解決に向けて指導・援助するカウンセリングを、それぞれ充実させていくという視点が必要であり、こうした視点に立って、一人一人の発達の特性等に応じた個別指導を充実させていくことも重要になる。

(主権者として求められる資質・能力)
○ 議会制民主主義を定める日本国憲法の下、民主主義を尊重し責任感をもって政治に参画しようとする国民を育成することは学校教育に求められる極めて重要な

資　料

要素の一つであり、18歳への選挙権年齢の引下げにより、小・中学校からの体系的な主権者教育の充実を図ることが求められている。
○　また、主権者教育については、政治に関わる主体として適切な判断を行うことができるようになることが求められており、そのためには、政治に関わる主体としてだけではなく広く国家・社会の形成者としていかに社会と向き合うか、例えば、経済に関わる主体（消費者等としての主体を含む）等として適切な生活を送ったり産業に関わったりして、社会と関わることができるようになることも前提となる。
○　こうした主権者として必要な資質・能力の具体的な内容としては、国家・社会の基本原理となる法やきまりについての理解や、政治、経済等に関する知識を習得させるのみならず、事実を基に多面的・多角的に考察し、公正に判断する力や、課題の解決に向けて、協働的に追究し根拠をもって主張するなどして合意を形成する力、よりよい社会の実現を視野に国家・社会の形成に主体的に参画しようとする力である（別紙５参照）。これらの力を教科横断的な視点で育むことができるよう、教科等間相互の連携を図っていくことが重要である。
○　これらの力を育んでいくためには、発達段階に応じて、家庭や学校、地域、国や国際社会の課題の解決を視野に入れ、学校の政治的中立性を確保しつつ、例えば、小学校段階においては地域の身近な課題を理解し、その解決に向けて自分なりに考えるなど、現実の社会的事象を取り扱っていくことが求められる。
○　その際、専門家や関係機関の協力を得て実践的な教育活動を行うとともに、現実の複雑な課題について児童生徒が課題や様々な対立する意見等を分かりやすく解説する新聞や専門的な資料等を活用することが期待される。
○　また、主権者教育については、家庭・地域との連携が重要であり、例えば投票に対する親しみを持たせるために、公職選挙法改正により全国で可能となったいわゆる子連れ投票の仕組みを生かして保護者が児童生徒を投票所に同伴したり、児童生徒と地域の課題について話し合ったりすることや、地域の行事などで児童生徒が主体的に取り組む機会を意図的に創出していくことが期待される。

６．資質・能力の育成と、子供たちの発達や成長のつながり
（学校段階や、義務教育、初等中等教育全体を通じて育成を目指す資質・能力）
○　初等中等教育においては、幼児教育において培われた基礎の上に、小・中学校

段階の義務教育を通じて、「各個人の有する能力を伸ばしつつ社会において自立的に生きる基礎」及び「国家及び社会の形成者として必要とされる基本的な資質」を育むこととされている。
○　また、義務教育の基礎の上に行われる高等学校教育は、中学校卒業後の約98％の者が進学し、社会で生きていくために必要となる力を共通して身に付けることのできる、初等中等教育最後の教育機関である。選挙権年齢が18歳に引き下げられ、子供にとって政治や社会がより一層身近なものとなっていることなども踏まえ、高等学校を卒業するまでにどのような力を身に付けておくべきかを明確に示すことが求められている。
○　今回の改訂における教育課程の枠組みの整理は、こうした「高等学校を卒業する段階で身に付けておくべき力は何か」や、「義務教育を終える段階で身に付けておくべき力は何か」を、幼児教育、小学校教育、中学校教育、高等学校教育それぞれの在り方を考えつつ、幼児教育から高等学校教育までを通じた見通しを持って、資質・能力の三つの柱で明確にするものである。
○　これにより、各教科等で学ぶことを単に積み上げるのではなく、義務教育や高等学校教育を終える段階で身に付けておくべき力を踏まえて、各学校・学年段階で学ぶべき内容を見直すなど、発達の段階に応じた縦のつながりと、各教科等の横のつながりを行き来しながら、教育課程の全体像を構築していくことが可能となる。加えて、幼小、小中、中高の学びの連携・接続についても、学校段階ごとの特徴を踏まえつつ、前の学校段階での教育が次の段階で生かされるよう、学びの連続性を確保することを容易にするものである。

（一人一人の発達や成長をつなぐ視点）
○　第１章において指摘されているような子供たちの現状を踏まえれば、資質・能力の育成に当たっては、子供一人一人の興味や関心、発達や学習の課題等を踏まえ、それぞれの個性に応じた学びを引き出し、一人一人の資質・能力を高めていくことが重要となる。
○　各学校においては、生徒指導やキャリア教育、個に応じた指導や、特別支援教育、日本語の能力に応じた支援など、子供一人一人の発達や成長を支える多様な取組が行われている。それらの取組についても、育成を目指す資質・能力との関係を捉え直すことにより、それぞれの取組の意義がより明確になり、教育課程を軸に関係者が課題や目標を共有し、一人一人の個性に応じた効果的な取組の充実

資 料

を図っていくことが可能になると考えられる。
○ 例えば、資質・能力の三つの柱など、育成を目指す資質・能力についての基本的な考え方を、通常の学級、通級による指導、特別支援学級、特別支援学校において共有することで、子供の障害の状態や発達の段階に応じた組織的、継続的な支援が可能となり、一人一人の子供に応じた指導の一層の充実が促されていくと考えられる。こうした方向性は、障害者の権利に関する条約に掲げられたインクルーシブ教育システムの理念を踏まえ、子供たちの十分な学びを確保し、子供たちの自立と社会参加を一層推進していくためにも重要である。
○ そのためにも、資質・能力の育成に当たっては、子供たち一人一人が「どのように学ぶか」あるいは「子供の発達をどのように支援するか」という視点が重要になる。これらに関しては、第7章及び第8章において重要な点をまとめている。

第6章　何を学ぶか―教科等を学ぶ意義と、教科等間・学校段階間のつながりを踏まえた教育課程の編成―

○ 次期学習指導要領等については、資質・能力の三つの柱を骨組みとして、教科等と教育課程全体のつながりや、教育課程と資質・能力の関係を明らかにすることとしている。これは教育課程について、教えるべき知識や技能の内容に沿って順序立てて整理するのみならず、それらを学ぶことでどのような力が身に付くのかまでを視野に入れたものとするということである。
○ こうした観点から、学習指導要領の各教科等における教育目標や内容については、第2部に示すとおり、資質・能力の三つの柱を踏まえて再整理し示していくこととしている。これにより、資質・能力の三つの柱を踏まえて、教科等間の横のつながりや、幼小、小中、中高の縦のつながりの見通しを持つことができるようになり、各学校の学校教育目標において育成を目指す資質・能力を、教科等における資質・能力や内容と関連付け教育課程として具体化していくことが容易となる。
○ 特に、本年度からは小中一貫教育が制度化され、義務教育学校及び小中一貫型の小・中学校においては、4-3-2や5-4といった柔軟な学年段階の区切りの設定や、小・中学校段階の9年間を一貫させた教育課程の編成などが進められることとなる。こうしたことも踏まえれば、各学校が、縦と横のつながりを意識しながら、その特色に応じた教育課程を編成していくことができるようにすること

は、今後ますます重要となる。
○ 教科等における学習と、教科等や学校段階を越えた教育課程の在り方と関連付けながら検討していくことは、資質・能力の育成に当たって、教科等における学習が重要な意義を持つことを再確認することであるとも言える。前章3．において述べたように、様々な資質・能力は、教科等の学習から離れて単独に育成されるものではなく、関連が深い教科等の内容事項と関連付けながら育まれるものであることや、資質・能力の育成には知識の質や量が重要であり、教科等の学習内容が資質・能力の育成を支えていることが明らかになってきている。今回の改訂は、そうした教科等の学習の意義を再確認しながら、教科等相互あるいは学校段階相互の関係をつなぐことで、教科等における学習の成果を、「何を知っているか」にとどまらず「何ができるようになるか」にまで発展させることを目指すものである。
○ こうした考えに基づき、今回の改訂は、学びの質と量を重視するものであり、学習内容の削減を行うことは適当ではない。教科・科目構成については、第2部に示すとおり、初等中等教育全体を通じた資質・能力育成の見通しの中で、小学校における外国語教育については、教科の新設等を行い、また、高等学校においては、国語科、地理歴史科その他の教科について、初等中等教育を修了するまでに育成を目指す資質・能力の在り方や、高等学校教育における「共通性の確保」及び「多様性への対応」の観点を踏まえつつ、科目構成の見直しを行うことが必要である。
○ 各学校においては、学習指導要領、特に総則を手掛かりとしながら、学校教育目標や学校として育成を目指す資質・能力を実現するため、各教科等を学ぶ意義と教科等横断的な視点、学校段階間の連携・接続の視点を踏まえて、教育課程を編成することが求められる。
○ また、幼稚園教育要領においては、幼稚園における生活の全体を通じて総合的に指導するという幼児教育の特質を踏まえ、ねらいや内容をこれまでどおり「健康」「人間関係」「環境」「言葉」「表現」の領域別に示しつつ、資質・能力の三つの柱に沿って内容の見直しを図ることや、「幼児期の終わりまでに育ってほしい姿」を位置付けることが必要である。こうしたことを踏まえながら、幼児教育と小学校の各教科等における教育との接続の充実や関係性の整理を図っていく必要がある。

資　料

第7章　どのように学ぶか―各教科等の指導計画の作成と実施、学習・指導の改善・充実―

1．学びの質の向上に向けた取組
（学びの質の重要性と「アクティブ・ラーニング」の視点の意義）
○　学校での学びは、個々の教員の指導改善の工夫や教材研究の努力に支えられている。こうした工夫や努力は、子供たちが「どのように学ぶか」を追究することに向けられたものである。
○　学びの成果として、生きて働く「知識・技能」、未知の状況にも対応できる「思考力・判断力・表現力等」、学びを人生や社会に生かそうとする「学びに向かう力・人間性等」を身に付けていくためには、学びの過程において子供たちが、主体的に学ぶことの意味と自分の人生や社会の在り方を結び付けたり、多様な人との対話を通じて考えを広げたりしていることが重要である。また、単に知識を記憶する学びにとどまらず、身に付けた資質・能力が様々な課題の対応に生かせることを実感できるような、学びの深まりも重要になる。
○　子供たちは、このように、主体的に、対話的に、深く学んでいくことによって、学習内容を人生や社会の在り方と結び付けて深く理解したり、未来を切り拓くために必要な資質・能力を身に付けたり、生涯にわたって能動的に学び続けたりすることができる。また、それぞれの興味や関心を基に、自分の個性に応じた学びを実現していくことができる。
○　こうした学びの質に着目して、授業改善の取組を活性化しようというのが、今回の改訂が目指すところである。平成26年11月の諮問において提示された「アクティブ・ラーニング」については、子供たちの「主体的・対話的で深い学び」を実現するために共有すべき授業改善の視点として、その位置付けを明確にすることとした。

（創意工夫に基づく指導方法の不断の見直しと「授業研究」）
○　教育方法に関するこれまでの議論においても、子供たちが主体的に学ぶことや、学級やグループの中で協働的に学ぶことの重要性は指摘されてきており、多くの実践も積み重ねられてきた。特に小・中学校では、全国学力・学習状況調査において、主として「活用」に関する問題（いわゆるＢ問題）が出題され、関係者の意識改革や授業改善に大きな影響を与えたことなどもあり、多くの関係者に

よる実践が重ねられてきている。「アクティブ・ラーニング」を重視する流れは、こうした優れた実践を踏まえた成果である。

○ 他方、高等学校、特に普通科における教育については、自らの人生や社会の在り方を見据えてどのような力を主体的に育むかよりも、大学入学者選抜に向けた対策が学習の動機付けとなりがちであることが課題となっている。現状の大学入学者選抜では、知識の暗記・再生や暗記した解法パターンの適用の評価に偏りがちであること、一部のAO入試や推薦入試においては、いわゆる学力不問と揶揄されるような状況が生じていることなどを背景として、高等学校における教育が、小・中学校に比べ知識伝達型の授業にとどまりがちであることや、卒業後の学習や社会生活に必要な力の育成につながっていないことなどが指摘されている。第2部第1章4．において述べるとおり、今後は、特に高等学校において、義務教育までの成果を確実につなぎ、一人一人に育まれた力を更に発展・向上させることが求められる。

○ 我が国では、教員がお互いの授業を検討しながら学び合い、改善していく「授業研究」が日常的に行われ、国際的にも高い評価を受けており、子供が興味や関心を抱くような身近な題材を取り上げて、学習への主体性を引き出したり、相互に対話しながら多様な考え方に気付かせたりするための工夫や改善が続けられてきている。こうした「授業研究」の成果は、日本の学校教育の質を支える貴重な財産である。

○ 一方で、こうした工夫や改善の意義について十分に理解されないと、例えば、学習活動を子供の自主性のみに委ね、学習成果につながらない「活動あって学びなし」と批判される授業に陥ったり、特定の教育方法にこだわるあまり、指導の型をなぞるだけで意味のある学びにつながらない授業になってしまったりという恐れも指摘されている。

○ 平成26年11月の諮問以降、学習指導要領等の改訂に関する議論において、こうした指導方法を焦点の一つとすることについては、注意すべき点も指摘されてきた。つまり、育成を目指す資質・能力を総合的に育むという意義を踏まえた積極的な取組の重要性が指摘される一方で、指導法を一定の型にはめ、教育の質の改善のための取組が、狭い意味での授業の方法や技術の改善に終始するのではないかといった懸念などである。我が国の教育界は極めて真摯に教育技術の改善を模索する教員の意欲や姿勢に支えられていることは確かであるものの、これらの工

夫や改善が、ともすると本来の目的を見失い、特定の学習や指導の「型」に拘泥する事態を招きかねないのではないかとの指摘を踏まえての危惧と考えられる。
○　変化を見通せないこれからの時代において、新しい社会の在り方を自ら創造することができる資質・能力を子供たちに育むためには、教員自身が習得・活用・探究という学びの過程全体を見渡し、個々の内容事項を指導することによって育まれる資質・能力を自覚的に認識しながら、子供たちの変化等を踏まえつつ自ら指導方法を不断に見直し、改善していくことが求められる。
○　このような中で次期学習指導要領等が学習・指導方法について目指すのは、特定の型を普及させることではなく、後述のような視点に立って学び全体を改善し、子供の学びへの積極的関与と深い理解を促すような指導や学習環境を設定することにより、子供たちがこうした学びを経験しながら、自信を育み必要な資質・能力を身に付けていくことができるようにすることである。
○　そうした学びを実現する具体的な学習・指導方法は限りなく存在し得るものであり、教員一人一人が、子供たちの発達の段階や発達の特性、子供の学習スタイルの多様性や教育的ニーズと教科等の学習内容、単元の構成や学習の場面等に応じた方法について研究を重ね、ふさわしい方法を選択しながら、工夫して実践できるようにすることが重要である。

2．「主体的・対話的で深い学び」を実現することの意義
（「主体的・対話的で深い学び」とは何か）
○　「主体的・対話的で深い学び」の実現とは、特定の指導方法のことでも、学校教育における教員の意図性を否定することでもない。人間の生涯にわたって続く「学び」という営みの本質を捉えながら、教員が教えることにしっかりと関わり、子供たちに求められる資質・能力を育むために必要な学びの在り方を絶え間なく考え、授業の工夫・改善を重ねていくことである。
○　「主体的・対話的で深い学び」の具体的な内容については、以下のように整理することができる。
　　「主体的・対話的で深い学び」の実現とは、以下の視点に立った授業改善を行うことで、学校教育における質の高い学びを実現し、学習内容を深く理解し、資質・能力を身に付け、生涯にわたって能動的（アクティブ）に学び続けるようにすることである。

① 学ぶことに興味や関心を持ち、自己のキャリア形成の方向性と関連付けながら、見通しを持って粘り強く取り組み、自己の学習活動を振り返って次につなげる「主体的な学び」が実現できているか。

　子供自身が興味を持って積極的に取り組むとともに、学習活動を自ら振り返り意味付けたり、身に付いた資質・能力を自覚したり、共有したりすることが重要である。

② 子供同士の協働、教職員や地域の人との対話、先哲の考え方を手掛かりに考えること等を通じ、自己の考えを広げ深める「対話的な学び」が実現できているか。

　身に付けた知識や技能を定着させるとともに、物事の多面的で深い理解に至るためには、多様な表現を通じて、教職員と子供や、子供同士が対話し、それによって思考を広げ深めていくことが求められる。

③ 習得・活用・探究という学びの過程の中で、各教科等の特質に応じた「見方・考え方」を働かせながら、知識を相互に関連付けてより深く理解したり、情報を精査して考えを形成したり、問題を見いだして解決策を考えたり、思いや考えを基に創造したりすることに向かう「深い学び」が実現できているか。

　子供たちが、各教科等の学びの過程の中で、身に付けた資質・能力の三つの柱を活用・発揮しながら物事を捉え思考することを通じて、資質・能力がさらに伸ばされたり、新たな資質・能力が育まれたりしていくことが重要である。教員はこの中で、教える場面と、子供たちに思考・判断・表現させる場面を効果的に設計し関連させながら指導していくことが求められる。

○ これら「主体的な学び」「対話的な学び」「深い学び」の三つの視点は、子供の学びの過程としては一体として実現されるものであり、また、それぞれ相互に影響し合うものでもあるが、学びの本質として重要な点を異なる側面から捉えたものであり、授業改善の視点としてはそれぞれ固有の視点であることに留意が必要である。単元や題材のまとまりの中で、子供たちの学びがこれら三つの視点を満たすものになっているか、それぞれの視点の内容と相互のバランスに配慮しながら学びの状況を把握し改善していくことが求められる。

（各教科等の特質に応じた学習活動を改善する視点）

○ 「アクティブ・ラーニング」については、総合的な学習の時間における地域課題の解決や、特別活動における学級生活の諸問題の解決など、地域や他者に対し

資　料

て具体的に働きかけたり、対話したりして身近な問題を解決することを指すものと理解されることも見受けられるが、そうした学びだけを指すものではない。
○　例えば国語や各教科等における言語活動や、社会科において課題を追究し解決する活動、理科において観察・実験を通じて課題を探究する学習、体育における運動課題を解決する学習、美術における表現や鑑賞の活動など、全ての教科等における学習活動に関わるものであり、これまでも充実が図られてきたこうした学習を、更に改善・充実させていくための視点であることに留意が必要である。
○　こうした学習活動については、今までの授業時間とは別に新たに時間を確保しなければできないものではなく、現在既に行われているこれらの活動を、「主体的・対話的で深い学び」の視点で改善し、単元や題材のまとまりの中で指導内容を関連付けつつ、質を高めていく工夫が求められていると言えよう。
○　重要なことは、これまでも重視されてきた各教科等の学習活動が、子供たち一人一人の資質・能力の育成や生涯にわたる学びにつながる、意味のある学びとなるようにしていくことである。そのためには、授業や単元の流れを子供の「主体的・対話的で深い学び」の過程として捉え、子供たちが、習得した概念や思考力等を手段として活用・発揮させながら学習に取り組み、その中で資質・能力の活用と育成が繰り返されるような指導の創意工夫を促していくことが求められる。あわせて、教科等を超えて授業改善の視点を共有することにより、教育課程全体を通じた質の高い学びを実現していくことも期待される。
○　第2部では、各教科等の指導においてこれまで重視されてきている学習活動を、子供たちにとっての学びの過程として捉え直し、学習過程のイメージとして示している。こうした学習過程の実現を目指しながら、子供の実情や指導の内容に応じ、授業の組み立て方や重点の置き方、具体的な指導方法について、幅広い創意工夫が期待されるものである。
○　各学校における実践を支えるため、今後、学習指導要領等の解説や指導事例集も含めた全体の姿の中で、指導の参考となる解説や事例を示すなど、更なる支援を図っていく必要がある。なお、こうした事例を示す際には、それにより指導が固定化されないような工夫が求められる。
（単元等のまとまりを見通した学びの実現）
○　また、「主体的・対話的で深い学び」は、1単位時間の授業の中で全てが実現されるものではなく、単元や題材のまとまりの中で、例えば主体的に学習を見通

し振り返る場面をどこに設定するか、グループなどで対話する場面をどこに設定するか、学びの深まりを作り出すために、子供が考える場面と教員が教える場面をどのように組み立てるか、といった視点で実現されていくことが求められる。

○　こうした考え方のもと、各学校の取組が、毎回の授業の改善という視点を超えて、単元や題材のまとまりの中で、指導内容のつながりを意識しながら重点化していけるような、効果的な単元の開発や課題の設定に関する研究に向かうものとなるよう、単元等のまとまりを見通した学びの重要性や、評価の場面との関係などについて、総則などを通じて分かりやすく示していくことが求められる。

(「深い学び」と「見方・考え方」)

○　「アクティブ・ラーニング」の視点については、深まりを欠くと表面的な活動に陥ってしまうといった失敗事例も報告されており、「深い学び」の視点は極めて重要である。学びの「深まり」の鍵となるものとして、全ての教科等で整理されているのが、第5章3．において述べた各教科等の特質に応じた「見方・考え方」である。今後の授業改善等においては、この「見方・考え方」が極めて重要になってくると考えられる。

○　「見方・考え方」は、新しい知識・技能を既に持っている知識・技能と結び付けながら社会の中で生きて働くものとして習得したり、思考力・判断力・表現力を豊かなものとしたり、社会や世界にどのように関わるかの視座を形成したりするために重要なものである。既に身に付けた資質・能力の三つの柱によって支えられた「見方・考え方」が、習得・活用・探究という学びの過程の中で働くことを通じて、資質・能力がさらに伸ばされたり、新たな資質・能力が育まれたりし、それによって「見方・考え方」が更に豊かなものになる、という相互の関係にある。

○　質の高い深い学びを目指す中で、教員には、指導方法を工夫して必要な知識・技能を教授しながら、それに加えて、子供たちの思考を深めるために発言を促したり、気付いていない視点を提示したりするなど、学びに必要な指導の在り方を追究し、必要な学習環境を積極的に設定していくことが求められる。そうした中で、着実な習得の学習が展開されてこそ、主体的・能動的な活用・探究の学習を展開することができると考えられる。

○　今回の改訂が目指すのは、第4章2．(3)において述べたように、学習の内容と方法の両方を重視し、子供の学びの過程を質的に高めていくことである。「見方・考え方」を軸としながら、幅広い授業改善の工夫が展開されていくことを期

待するものである。

3．発達の段階や子供の学習課題等に応じた学びの充実

○ 「主体的・対話的で深い学び」の具体的な在り方は、発達の段階や子供の学習課題等に応じて様々である。基礎的・基本的な知識・技能の習得に課題が見られる場合には、それを身に付けさせるために、子供の学びを深めたり主体性を引き出したりといった工夫を重ねながら、確実な習得を図ることが求められる。

○ 子供たちの実際の状況を踏まえながら、資質・能力を育成するために多様な学習活動を組み合わせて授業を組み立てていくことが重要であり、例えば高度な社会課題の解決だけを目指したり、そのための討論や対話といった学習活動を行ったりすることのみが「主体的・対話的で深い学び」ではない点に留意が必要である。

○ 「主体的・対話的な学び」の充実に向けては、読書活動のみならず、子供たちが学びを深めるために必要な資料（統計資料や新聞、画像や動画等も含む）の選択や情報の収集、教員の授業づくりや教材準備等を支える学校図書館の役割に期待が高まっている。公共図書館との連携など、地域との協働も図りつつ、その機能を充実させていくことが求められる。資料調査や、本物の芸術に触れる鑑賞の活動等を充実させる観点からは、博物館や美術館、劇場等との連携を積極的に図っていくことも重要である。

○ また、社会や世界との関わりの中で、学んだことの意義を実感できるような学習活動も極めて重要であり、体験活動を通じて、様々な物事を実感を伴って理解したり、人間性を豊かにしたりしていくことも求められる。

○ 加えて、ICTの特性・強みを、「主体的・対話的で深い学び」の実現につなげ、子供たちに情報技術を手段として活用できる力を育むためにも、学校において日常的にICTを活用できるような環境づくりとともに、学びの質を高めるICTの活用方法についての実践的研究と成果の普及が求められる。

第8章　子供一人一人の発達をどのように支援するか—子供の発達を踏まえた指導—

○ 第5章6．において指摘したように、資質・能力の育成に当たっては、子供一人一人の興味や関心、発達や学習の課題等を踏まえ、それぞれの個性に応じた学びを引き出し、一人一人の資質・能力を高めていくことが重要となる。各学校が

○ 行う進路指導や生徒指導、学習指導等についても、子供たちの一人一人の発達を支え、資質・能力を育成するという観点からその意義を捉え直し、充実を図っていくことが必要となる。

○ また、個々の子供の発達課題や教育的ニーズをきめ細かに支えるという視点から、特別支援教育や、日本語の能力に応じた支援等についても、教育課程や各教科等の関係性を明確にしながら、充実を図っていくことが求められている。

○ あわせて、不登校児童生徒について、個々の児童生徒の意思を尊重しつつ、保護者及び関係機関と連携を図り、その社会的な自立に向けて必要な支援を行うことや、夜間中学に通う生徒に対する教育も重要である。

○ なお、子供たちの発達を支えるためには、児童生徒の発達の特性や教育活動の特性を踏まえて、予め適切な時期・場面において、主に集団の場面で必要な指導・援助を行うガイダンスと、個々の児童生徒が抱える課題に対して、その課題を受け止めながら、主に個別指導により解決に向けて指導・援助するカウンセリングを、それぞれ充実させていくという視点が必要である。

○ また、第10章において述べるとおり、「チームとしての学校」の視点に立ち、子供たち一人一人の教育的ニーズを踏まえながら、きめ細やかに発達を支えていくという視点を学校全体で共有するとともに、スクールカウンセラーやスクールソーシャルワーカー補習支援などを行うサポートスタッフ、特別支援教育支援員など、教員以外の専門スタッフ等の参画を得ていくことも重要となる。

1．学習活動や学校生活の基盤となる学級経営の充実

○ 第3章2．(3)においても指摘したように、学校は、今を生きる子供たちにとって、未来の社会に向けた準備段階としての場である同時に、現実の社会との関わりの中で、毎日の生活を築き上げていく場でもある。

○ そうした学校における、子供たちの学習や生活の基盤となるのが、日々の生活を共にする基礎的な集団である学級やホームルームである。これまで総則においては、小学校においてのみ学級経営の充実が位置付けられ、中学校、高等学校においては位置付けられてこなかった。

○ 今回、子供たちの学習や生活における学校や学級の重要性が、今一度捉え直されたことを受けて、特別活動においても、第2部第2章16．に示すとおり、学級活動・ホームルーム活動の中心的な意義を踏まえた上で改善が図られることが求

められる。総則においても、小・中・高等学校を通じた学級・ホームルーム経営の充実を図り、子供の学習活動や学校生活の基盤としての学級という場を豊かなものとしていくことが重要である。

2．学習指導と生徒指導

○ 子供たちにとって学習の場であり生活の場である学校において、教員の指導は、学習指導の側面と生徒指導の側面を持つ。

○ 生徒指導とは、一人一人の児童生徒の人格を尊重し、個性の伸長を図りながら、社会的資質や行動力を高めることを目指して行われる教育活動のことである。今回、全ての教科等において育む「学びに向かう力・人間性」が整理されることにより、今後、教科等における学習指導と生徒指導とは、目指すところがより明確に共有されることとなり、更に密接な関係を有するものになると考えられる。

○ 生徒指導については、今回整理された資質・能力等も踏まえて、改めて、一人一人の生徒の健全な成長を促し、生徒自ら現在及び将来における自己実現を図っていくために必要な力の育成を目指すという意義を捉え直していくことが求められる。ともすれば、個別の問題行動等への対応にとどまりがちとも指摘されるが、どのような資質・能力の育成を目指すのかということや、一人一人のキャリア形成の方向性等を踏まえながら、その機能が発揮されるようにしていくことが重要である。

○ また、学習指導においても、子供一人一人に応じた「主体的・対話的で深い学び」を実現していくために、子供一人一人の理解（いわゆる児童生徒理解）の深化を図るという生徒指導の基盤や、子供一人一人が自己存在感を感じられるようにすること、教職員と児童生徒の信頼関係や児童生徒相互の人間関係づくり、児童生徒の自己選択や自己決定を促すといった生徒指導の機能を生かして充実を図っていくことが求められる。

○ このように、学習指導と生徒指導とを分けて考えるのではなく、相互に関連付けながら充実を図ることが重要であり、そのことが、前述した学級経営の充実にもつながるものと考えられる。

3．キャリア教育（進路指導を含む）

○ 第3章2．(3)においても指摘したように、子供たちに将来、社会や職業で必要

となる資質・能力を育むためには、学校で学ぶことと社会との接続を意識し、一人一人の社会的・職業的自立に向けて必要な基盤となる資質・能力を育み、キャリア発達を促すキャリア教育の視点も重要である。

○ キャリア教育については、中央教育審議会が平成23年1月にまとめた答申「今後の学校におけるキャリア教育・職業教育の在り方について」を踏まえ、その理念が浸透してきている一方で、例えば、職場体験活動のみをもってキャリア教育を行ったものとしているのではないか、社会への接続を考慮せず、次の学校段階への進学のみを見据えた指導を行っているのではないか、職業を通じて未来の社会を創り上げていくという視点に乏しく、特定の既存組織のこれまでの在り方を前提に指導が行われているのではないか、といった課題も指摘されている。また、将来の夢を描くことばかりに力点が置かれ、「働くこと」の現実や必要な資質・能力の育成につなげていく指導が軽視されていたりするのではないか、といった指摘もある。

○ こうした課題を乗り越えて、キャリア教育を効果的に展開していくためには、教育課程全体を通じて必要な資質・能力の育成を図っていく取組が重要になる。小・中学校では、特別活動の学級活動を中核としながら、総合的な学習の時間や学校行事、特別の教科道徳や各教科における学習、個別指導としての進路相談等の機会を生かしつつ、学校の教育活動全体を通じて行うことが求められる。高等学校においても、小・中学校におけるキャリア教育の成果を受け継ぎながら、特別活動のホームルーム活動を中核とし、総合的な探究の時間や学校行事、公民科に新設される科目「公共」をはじめ各教科・科目等における学習、個別指導としての進路相談等の機会を生かしつつ、学校の教育活動全体を通じて行うことが求められる。

○ このように、小・中・高等学校を見通した、かつ、学校の教育活動全体を通じたキャリア教育の充実を図るため、キャリア教育の中核となる特別活動について、その役割を一層明確にする観点から、小・中・高等学校を通じて、学級活動・ホームルーム活動に一人一人のキャリア形成と実現に関する内容を位置付けるとともに、「キャリア・パスポート(仮称)」の活用を図ることを検討する。

○ 加えて、高等学校においては、「公共」において、教科目標の実現を図るとともに、キャリア教育の観点からは、特別活動のホームルーム活動などと連携し、インターンシップの事前・事後の学習との関連を図ることなどを通して、社会に

資　料

参画する力を育む中核的機能を担うことが期待されている。また、高等学校の就業体験（インターンシップ）については、これまで主に高等学校卒業後に就職を希望する生徒が多い普通科や専門学科での実習を中心に行われてきたが、今後は、大学進学希望者が多い普通科の高等学校においても、例えば研究者や大学等の卒業が前提となる資格を要する職業も含めた就業体験（いわゆる「アカデミック・インターンシップ」）を充実するなど、それぞれの高等学校や生徒の特性を踏まえた多様な展開が期待される。

○　日常の教科・科目等の学習指導においても、自己のキャリア形成の方向性と関連付けながら見通しを持ったり、振り返ったりしながら学ぶ「主体的・対話的で深い学び」を実現するなど、教育課程全体を通じてキャリア教育を推進する必要がある。

○　キャリア教育は、子供たちに社会や職業との関連を意識させる学習であることから、その実施に当たっては、地域との連携が不可欠である。各学校が育成を目指す資質・能力を共有しながら、地域全体で子供の社会的・職業的自立に向けた基盤を作っていくことができるよう、第10章において述べるように、地域との連携・協働を進めていく必要がある。

○　なお、進路指導については、そのねらいはキャリア教育の目指すところとほぼ同じであるものの、実際に学校で行われている進路指導においては、進路指導担当の教員と各教科担当の教員との連携が不十分であったり、一人一人の発達を組織的・体系的に支援しようとする意識や、教育課程における各活動の関連性や体系性等が希薄であったりすることなどにより、子供たちの意識の変容や資質・能力の育成に結び付いていないとの指摘もある。各学校においては、これまでの進路指導の実践をキャリア教育の視点からとらえ直し、その在り方を見直していくことが求められる。

4．個に応じた指導

○　児童生徒一人一人の可能性を最大限に伸ばし、社会をよりよく生きる資質・能力を育成する観点から、児童生徒の実態に応じた指導方法や指導体制の工夫改善を通じて、個に応じた指導を推進する必要がある。特に、次期学習指導要領等では、第5章6．において示したように、一人一人の発達や成長をつなぐ視点で資質・能力を育成していくことが重要であり、学習内容を確実に身に付ける観点か

ら、個に応じた指導を一層重視する必要がある。
○　特に、授業が分からないという悩みを抱えた児童生徒への指導に当たっては、個別の学習支援や学習相談を通じて、自分にふさわしい学び方や学習方法を身に付け、主体的に学習を進められるようにすることが重要である。
○　また、基礎的・基本的な知識・技能の習得が重要であることは言うまでもないが、思考力・判断力・表現力等や学びに向かう力等こそ、家庭の経済事情など、子供を取り巻く環境を背景とした差が生まれやすい能力であるとの指摘もあることに留意が必要である。一人一人の課題に応じた「主体的・対話的で深い学び」を実現し、学びの動機付けや幅広い資質・能力の育成に向けた効果的な取組を展開していくことによって、学校教育が個々の家庭の経済事情等に左右されることなく、子供たちに必要な力を育んでいくことが求められる。その際、教職員定数の充実などの指導体制の確立やICT環境などの教育インフラの充実など必要な条件整備が重要であることは言うまでもない。

5．教育課程全体を通じたインクルーシブ教育システムの構築を目指す特別支援教育

○　障害者の権利に関する条約に掲げられたインクルーシブ教育システムの構築を目指し、子供たちの自立と社会参加を一層推進していくためには、通常の学級、通級による指導、特別支援学級、特別支援学校において、子供たちの十分な学びを確保し、一人一人の子供の障害の状態や発達の段階に応じた指導や支援を一層充実させていく必要がある。
○　その際、小・中学校と特別支援学校との間での柔軟な転学や、中学校から特別支援学校高等部への進学などの可能性も含め、教育課程の連続性を十分に考慮し、子供の障害の状態や発達の段階に応じた組織的・継続的な指導や支援を可能としていくことが必要である。
（中略）

第9章　何が身に付いたか―学習評価の充実―

1．学習評価の意義等

○　学習評価は、学校における教育活動に関し、子供たちの学習状況を評価するものである。「子供たちにどういった力が身に付いたか」という学習の成果を的確

資　料

に捉え、教員が指導の改善を図るとともに、子供たち自身が自らの学びを振り返って次の学びに向かうことができるようにするためには、この学習評価の在り方が極めて重要であり、教育課程や学習・指導方法の改善と一貫性を持った形で改善を進めることが求められる。
○　子供たちの学習状況を評価するために、教員は、個々の授業のねらいをどこまでどのように達成したかだけではなく、子供たち一人一人が、前の学びからのように成長しているか、より深い学びに向かっているかどうかを捉えていくことが必要である。
○　また、学習評価については、子供の学びの評価にとどまらず、「カリキュラム・マネジメント」の中で、教育課程や学習・指導方法の評価と結び付け、子供たちの学びに関わる学習評価の改善を、更に教育課程や学習・指導の改善に発展・展開させ、授業改善及び組織運営の改善に向けた学校教育全体のサイクルに位置付けていくことが必要である。

２．評価の三つの観点

○　現在、各教科について、学習状況を分析的に捉える「観点別学習状況の評価」と、総括的に捉える「評定」とを、学習指導要領に定める目標に準拠した評価として実施することが明確にされている。評価の観点については、従来の４観点の枠組みを踏まえつつ、学校教育法第30条第２項が定める学校教育において重視すべき三要素（「知識・技能」「思考力・判断力・表現力等」「主体的に学習に取り組む態度」）を踏まえて再整理され、現在、「知識・理解」「技能」「思考・判断・表現」「関心・意欲・態度」の四つの観点が設定されているところである。
○　今回の改訂においては、全ての教科等において、教育目標や内容を、資質・能力の三つの柱に基づき再整理することとしている。これは、資質・能力の育成を目指して「目標に準拠した評価」を実質化するための取組でもある。
○　今後、小・中学校を中心に定着してきたこれまでの学習評価の成果を踏まえつつ、目標に準拠した評価を更に進めていくため、こうした教育目標や内容の再整理を踏まえて、観点別評価については、目標に準拠した評価の実質化や、教科・校種を超えた共通理解に基づく組織的な取組を促す観点から、小・中・高等学校の各教科を通じて、「知識・技能」「思考・判断・表現」「主体的に学習に取り組む態度」の３観点に整理することとし、指導要録の様式を改善することが必要で

ある。
○ その際、「学びに向かう力・人間性等」に示された資質・能力には、感性や思いやりなど幅広いものが含まれるが、これらは観点別学習状況の評価になじむものではないことから、評価の観点としては学校教育法に示された「主体的に学習に取り組む態度」として設定し、感性や思いやり等については観点別学習状況の評価の対象外とする必要がある。
○ すなわち、「主体的に学習に取り組む態度」と、資質・能力の柱である「学びに向かう力・人間性」の関係については、「学びに向かう力・人間性」には①「主体的に学習に取り組む態度」として観点別評価（学習状況を分析的に捉える）を通じて見取ることができる部分と、②観点別評価や評定にはなじまず、こうした評価では示しきれないことから個人内評価（個人のよい点や可能性、進歩の状況について評価する）を通じて見取る部分があることに留意する必要がある。
○ これらの観点については、毎回の授業で全てを見取るのではなく、単元や題材を通じたまとまりの中で、学習・指導内容と評価の場面を適切に組み立てていくことが重要である。
○ なお、観点別学習状況の評価には十分示しきれない、児童生徒一人一人のよい点や可能性、進歩の状況等については、日々の教育活動や総合所見等を通じて積極的に子供に伝えることが重要である。

３．評価に当たっての留意点等

○ 「目標に準拠した評価」の趣旨からは、評価の観点については、学習指導要領における各教科等の指導内容が資質・能力を基に構造的に整理されることにより明確化される。今般、中央教育審議会においては、第３章２．(4)において述べたように、学習評価について学習指導要領の改訂を終えた後に検討するのではなく、本答申において、学習指導要領等の在り方と一体として考え方をまとめることとした。指導要録の改善・充実や多様な評価の充実・普及など、今後の専門的な検討については、本答申の考え方を前提として、それを実現するためのものとして行われることが求められる。
○ 学習指導要領改訂を受けて作成される、学習評価の工夫改善に関する参考資料についても、詳細な基準ではなく、資質・能力を基に再整理された学習指導要領を手掛かりに、教員が評価規準を作成し見取っていくために必要な手順を示すも

のとなることが望ましい。そうした参考資料の中で、各教科等における学びの過程と評価の場面との関係性も明確にできるよう工夫することや、複数の観点を一体的に見取ることも考えられることなどが示されることが求められる。

○ 評価の観点のうち「主体的に学習に取り組む態度」については、学習前の診断的評価のみで判断したり、挙手の回数やノートの取り方などの形式的な活動で評価したりするものではない。子供たちが自ら学習の目標を持ち、進め方を見直しながら学習を進め、その過程を評価して新たな学習につなげるといった、学習に関する自己調整を行いながら、粘り強く知識・技能を獲得したり思考・判断・表現しようとしたりしているかどうかという、意思的な側面を捉えて評価することが求められる。

○ このことは現行の「関心・意欲・態度」の観点についても本来は同じ趣旨であるが、上述の挙手の回数やノートの取り方など、性格や行動面の傾向が一時的に表出された場面を捉える評価であるような誤解が払拭し切れていないのではないか、という問題点が長年指摘され現在に至ることから、「関心・意欲・態度」を改め「主体的に学習に取り組む態度」としたものである。こうした趣旨に沿った評価が行われるよう、単元や題材を通じたまとまりの中で、子供が学習の見通しを持って学習に取り組み、その学習を振り返る場面を適切に設定することが必要となる。

○ こうした姿を見取るためには、子供たちが主体的に学習に取り組む場面を設定していく必要があり、「アクティブ・ラーニング」の視点からの学習・指導方法の改善が欠かせない。また、学校全体で評価の改善に組織的に取り組む体制づくりも必要となる。

○ なお、こうした観点別学習状況の評価については、小・中学校と高等学校とでは取組に差があり、高等学校では、知識量のみを問うペーパーテストの結果や、特定の活動の結果などのみに偏重した評価が行われているのではないかとの懸念も示されているところである。義務教育までにバランス良く培われた資質・能力を、高等学校教育を通じて更に発展・向上させることができるよう、高等学校教育においても、指導要録の様式の改善などを通じて評価の観点を明確にし、観点別学習状況の評価を更に普及させていく必要がある。

（後略）

「深く学ぶ」子供を育てる学級づくり・授業づくり

編者・執筆者一覧

【編　者】

吉冨芳正（明星大学教授）

【巻頭提言】

銭谷眞美（東京国立博物館長）

【執筆者】

奥村高明（聖徳大学教授）／第1章
髙木展郎（横浜国立大学名誉教授）／第2章
田中博之（早稲田大学教職大学院教授）／第3章
藤本勇二（武庫川女子大学講師）／第4章
佐藤　真（関西学院大学学長特命・教授）／第5章
貝塚茂樹（武蔵野大学教授）／第6章
杉田　洋（國學院大學教授）／第7章
佐藤正志（元白梅学園大学教授・
　　　　　日本学校図書館学会副会長）／第8章
宮川八岐（城西国際大学非常勤講師）／第9章
嶋﨑政男（神田外語大学客員教授）／第10章
髙階玲治（教育創造研究センター所長）／第11章Ⅰ
向山行雄（帝京大学教職大学院教授）／第11章Ⅱ

（掲載順／職名は執筆時現在）

●編　者

吉冨芳正（よしとみ・よしまさ）専門は教育課程論、教育課程行政。文部科学省教育課程課学校教育官、千葉県富里市教育長、国立教育政策研究所総括研究官を経て現職。学習指導要領や指導要録の改訂、学校週5日制の導入等に携わる。文部科学省「育成すべき資質・能力を踏まえた教育目標・内容と評価の在り方に関する検討会」委員。学力形成に果たす教育課程の役割、カリキュラム・マネジメント、生活科の形成過程等を研究。主著書に『カリキュラムマネジメント・ハンドブック』（ぎょうせい、平成28年）、『新教科誕生の軌跡：生活科の形成過程に関する研究』（東洋館出版社、平成26年）、『現代中等教育課程入門』（明星大学出版部、平成26年）など。

次代を創る「資質・能力」を育む学校づくり　2

「深く学ぶ」子供を育てる学級づくり・授業づくり

2017年8月10日　第1刷発行

編　集　吉冨　芳正
発　行　株式会社ぎょうせい
　　　　〒136-8575　東京都江東区新木場1-18-11
　　　　　　　　　　電話番号／編集　03-6892-6508
　　　　　　　　　　　　　　　営業　03-6892-6666
　　　　　　　　　　フリーコール／0120-953-431
　　　　　　　　　　URL　https://gyosei.jp

〈検印省略〉

印刷　ぎょうせいデジタル株式会社
乱丁・落丁本は、送料小社負担にてお取り替えいたします。
©2017 Printed in Japan　禁無断転載・複製
ISBN978-4-324-10334-0（3100536-01-002）〔略号：資質能力学校2〕

新学習指導要領における学校経営の課題とは。
具体的方策を解説！

次代を創る「資質・能力」を育む学校づくり【全3巻】

吉冨 芳正【編集】

A5判・セット定価（本体7,200円＋税） 各巻定価（本体2,400円＋税）

明日からの「学校づくり」に、その課題と方策がわかる！

- 「社会に開かれた教育課程」「カリキュラム・マネジメント」「主体的・対話的で深い学び」──。学校経営全体を視野に置いて、各課題の**ポイント**や**方策**を解説します。
- 新教育課程で求められるものは何か。管理職・次世代リーダーに向けた**「学校づくり」**を考えるシリーズ。

巻構成
- 第1巻　「社会に開かれた教育課程」と新しい学校づくり
- 第2巻　「深く学ぶ」子供を育てる学級づくり・授業づくり
- 第3巻　新教育課程とこれからの研究・研修

株式会社ぎょうせい
フリーコール TEL：0120-953-431 [平日9～17時] FAX：0120-953-495
〒136-8575 東京都江東区新木場1-18-11
https://shop.gyosei.jp　ぎょうせいオンライン　検索